AF537483

HIMMELHOCH JAUCHZEND ZU TODE BETRÜBT

Ein Titel aus der Reihe

mindwalking®

Unter folgender E-Mail-Adresse können Sie Kontakt zum Autor herstellen:

rolf-ulrich.kramer@mindwalking.de

Rolf Ulrich Kramer

HIMMELHOCH JAUCHZEND ZU TODE BETRÜBT

Das weltbeste Buch
zur Stufenleiter der Emotionen
von Rolf Ulrich Kramer

OSIRIS Verlag

1. Auflage Februar 2019

OSIRIS – Verlag, Marktplatz 10, D-94513 Schönberg
www.osiris-verlag.de

Umschlaggestaltung, Satz und Layout: Luna Design KG

ISBN: 978-3-947397-10-5

Dieser Titel ist auch als eBook erhältlich, ISBN (eBook): 978-3-947397-11-2

Gerne senden wir Ihnen unser Verlagsverzeichnis:
OSIRIS-Verlag
Marktplatz 10
D-94513 Schönberg
Email: info@osirisbuch.de
Tel.: (08554) 844
Fax: (08554) 942894

Unser Buch- und DVD-Angebot finden Sie auch im Internet unter:
www.osirisbuch.de

INHALT

Ein Wort zum Gendering:

Nach Auffassung des Autors erschweren Kombinationsformen wie „liebe*r Leser*in", „liebe/r Leser/in", „liebe LeserInnen" oder Ähnliches den Lesefluss. Deswegen hält sich dieses Buch an die maskuline Form - nicht etwa aus einer geheiligten Tradition heraus, sondern weil der Autor, ein Mann mit weit zurück liegendem Geburtsdatum, die maskuline Form nun mal gewohnt ist. Im Gegenzug wäre es wunderbar, würden Autorinnen ihre Bücher in der femininen Form schreiben; so käme jede(r) zu seinem/ihrem Recht.

Zu diesem Buch

Jeder Mensch kennt das Erlebnis von „himmelhoch jauchzend - zu Tode betrübt“ samt allen dazwischen liegenden Stufen, aber nicht jeder könnte immer in Worten ausdrücken, wie ihm zumute ist. Mancher sagt, er sei ärgerlich, wenn er in Wirklichkeit zornig ist; viele verwechseln Furcht mit Panik; nicht jeder kennt den Unterschied zwischen Hass und Wut. Um dem abzuhelfen, wollen wir jeder Emotion den richtigen Namen geben, oder besser, die bestehenden Namen - etwa Wut, Hass, Groll, Freude, Ärger - den dazu gehörigen Empfindungen so zuordnen, dass es keine Verwechslungen mehr gibt.

Kurz, in diesem Buch werden ur-menschliche psychische Regungen nachvollziehbar beschrieben und klar voneinander abgegrenzt. Unsere Empfindungen werden im Vordergrund stehen, unsere Erlebnisse, nicht jedoch deren theoretische Ausleuchtung im naturwissenschaftlichen Sinn. Wer sich damit vertraut machen möchte, darf gerne mit dem letzten Kapitel, „Emotionen, wissenschaftlich betrachtet“, beginnen. Dort wird ein kleiner Einblick in die Welt der Neurologie, Psychiatrie und Psychologie gegeben.

Ein kurzes Wort zum Autor: nach seinem Psychologie-Studium und im Verlauf von 40 Jahren privater Praxis im Bereich Persönlichkeitsaufbau, Bewusstseinsentwicklung und Fähigkeitssteigerung kam er zu der Überzeugung, dass sich die Gültigkeit psychischer Gesetzmäßigkeiten letztlich nur durch eigenes Erleben überprüfen lässt. Das Zitieren von Literatur und Fachstudien hilft wenig, wenn man jemandem menschlich weiterhelfen möchte, denn was die Psyche angeht, weiß nicht „die Wissenschaft“ am besten Bescheid, sondern wir Menschen selbst. „Nur in dir selbst liegt die Wahrheit“ - diese große Lehre fernöstlicher Meditationsmethoden hat sich in der MindWalking-Praxis zweifelsfrei bestätigt.

Zum Aufbau dieses Buches: Zu Beginn erfahren Sie, was Emotionen sind, wie sie zustande kommen und wie sie sich voneinander unterscheiden. Anschließend erleben Sie am Beispiel einer tragisch verlaufenden Urlaubsreise, wie der emotionale Absturz von „himmelhoch jauchzend" bis „zu Tode betrübt" vonstatten geht. Danach folgt ein Theoriekapitel zur Logik und Systematik von Emotionen. Am Schluss werden Ihnen einige Übungen für Geist und Seele vorgestellt, mit deren Hilfe Sie für emotionalen Ausgleich bei sich und anderen sorgen können.

R. U. K., im Juni 2018

• OHNE EMOTION KEIN LEBEN •

Wer Emotionen zeigt, gilt häufig als irrational oder gefühlsduselig. Emotionalität wird gern mit aggressivem Herumfuchteln gleichgesetzt, mit Streit, Geschrei, Tränen. „Stell dich nicht so an!", heißt es dann, oder: „Mach nicht so ein Theater!"

Wieso haben Emotionen einen so schlechten Ruf? Denn schließlich gibt es im Gefühlsleben auch schöne Empfindungen, zum Beispiel die Freude oder das liebevolle Interesse. Beides sind Emotionen, und niemand würde sie irrational nennen. Doch daran denken die wenigsten, wenn das Gespräch auf Emotionen kommt.

Tatsächlich gibt es im menschlichen Leben keinen Augenblick, der nicht von Emotionen begleitet wäre, seien es hohe oder tiefe. Ohne Emotionen geht es nirgends. Sie sind uns so allgegenwärtig und selbstverständlich wie die Atmung. Genauso wenig, wie wir ohne Atmung zu leben vermögen, könnten wir es ohne Emotionen. Es wäre somit ein Unding, sie in Bausch und Bogen als irrational abzustempeln.

Wer Emotionen begreift und intelligent mit ihnen umzugehen weiß, den schätzen und lieben Freunde, Familienmitglieder und Kollegen. Emotionales Verständnis schafft ausgeglichene Beziehungen und öffnet das Tor zu einem freudvollen und erfolgreichen gesellschaftlichen Leben.

OHNE AUFMERKSAMKEIT GEHT ES NICHT

Jeder hat schon einmal etwas angestarrt, ohne es zu sehen, weil er mit den Gedanken woanders war. Nur weil unsere Augen etwas sehen, ist das Angeschaute noch lange nicht wahrgenommen. Bei der Wahrnehmung ist die Aufmerksamkeit das Entscheidende, nicht die Blickrichtung der Augen. Ohne Aufmerksamkeit auf das Gesehene sind wir wie blind, ohne Aufmerksamkeit auf das Gehörte wie taub. So verhält es sich mit allen Sinnen. Nur indem man Aufmerksamkeit auf etwas richtet, ob auf Personen, Tiere, Pflanzen, Gegenstände oder Tätigkeit, nimmt man es wahr. Richtete man nur seinen Blick auf etwas, ohne gleichzeitig auch aufmerksam zu sein, würde man es nicht registrieren. Gleiches gilt selbstverständlich für Riechen, Schmecken, Hören und Tasten.

Jeder hat sich schon einmal dabei ertappt, wie seine Gedanken beim Lesen eines Lehrbuchs abschweifen, der Blick geistesabwesend über die Seiten gleitet und man umblättert, ohne das Geringste begriffen zu haben. Es entstand keine Beziehung, weder zu dem Buch noch zu dessen Inhalt.

Ohne bewusste Wahrnehmung tritt man nicht in Beziehung mit etwas oder jemand ein. Es bleibt eine Distanz. Nimmt man hingegen bewusst etwas wahr, so baut man gleichzeitig eine Beziehung dazu auf, sei sie gut oder schlecht. Man fühlt sich angezogen oder abgestoßen, will näher dran oder lieber weiter weg, bewertet es als gut oder schlecht, hübsch oder hässlich, gemütlich oder ungemütlich, lustvoll oder ekelhaft. Entsprechend reagiert man mit Hinstreben oder Wegstreben. Schmeckt es gut, bekommen wir Lust auf mehr. Riecht es schlecht, empfinden wir Ekel und lehnen es ab. Klingt es schrill, gehen wir auf Abstand. Fühlt es sich kuschelig an, schmiegen wir uns hinein. Da wird nicht lang überlegt; blitzartig und spontan geht das vor sich. Solche Reaktionen sind unvermeidbar (bei Heiligen sei das anders, heißt es, aber das sind die meisten nun mal nicht).

Nicht nur in der äußeren Welt erlebt man spontanes Hin- oder Wegstreben, sondern auch in der geistigen Welt, will sagen in der Welt der Erinnerungen und Vorstellungen. Auch dort fühlen wir Sehnsucht oder Abscheu, Freude oder Kränkung, Zuneigung oder Hass. Sobald einem eine Situation aus Vergangenheit oder Zukunft in den Sinn kommt, wünscht man sich entweder sehnsuchtsvoll dorthin oder denkt mit Abscheu: „Bloß nicht!" Erwünschtes malen wir uns aus, Unerwünschtes suchen wir wegzuschieben.

Gelegentlich gibt es auch mal Gleichgültigkeit, ein „Ist mir egal“. Das ist der Fall, wenn man auf eine Beziehung absolut keinen Wert legt. Werden hingegen persönliche Werte berührt, so entstehen unvermeidbar Emotionen. Freude entsteht, wenn uns etwas Wertvolles zufällt, Trauer, wenn uns etwas Wertvolles abhanden kommt. Verbindet jemand keinerlei Wert mit einem Bezugspunkt, so fühlt er weder Interesse noch Bindung an ihn. Damit würde er entweder weit oberhalb jeglicher Wertung stehen oder weit unterhalb. Ersteres wäre der emotionale Zustand der heiteren Gelassenheit, letzteres jener der Apathie.

Wir erschaffen unseren Wahrnehmungsraum

Was wir bewusst wahrnehmen, ist Teil unseres Wahrnehmungsraums. Bei einem spannenden Fußballspiel sitzt man ohne Kissen stundenlang auf einer harten Holztribüne, ohne dass einem das Hinterteil weh täte. Das Fußballspiel ist Teil des Wahrnehmungsraums, die Holztribüne hingegen nicht. Die ungepolsterte Wartebank in einer Behörde hingegen nimmt man deswegen mit schmerzhafter Deutlichkeit wahr, weil man sonst nichts zu tun hat. Deswegen rutscht man schon nach wenigen Minuten vor Ungeduld und Langeweile hin und her.

Von Moment zu Moment erschafft jeder seinen persönlichen Wahrnehmungsraum. Der kann groß oder klein sein, je nachdem, wie weit und wie kraftvoll einer seine Aufmerksamkeit verteilt, sei es auf die Außenwelt oder die geistig-seelische Innenwelt. Der bewusste Wahrnehmungsraum entsteht, indem man registriert, wohin man seine Aufmerksamkeit lenkt oder wovon sie gerade angezogen wird. Auch einen halb-bewussten Wahrnehmungsraum gibt es. Er entsteht, wenn man vor sich hinträumt, sich Wonnen, Ängsten oder Trieben hingibt und das nicht reflektiert. Und dann gibt es natürlich den Traum; er wäre als unbewusster Wahrnehmungsraum zu bezeichnen (jedenfalls bei den meisten Menschen).

Richtet man seine Aufmerksamkeit auf die Sinne, auf Hören, Sehen, Riechen, Schmecken und Tasten, dann verhilft einem das zur Wahrnehmung von Umgebung und Körper. Das ist die Außenwelt. Richtet man sie auf die Gefühlswelt, auf Gemütsregungen und innere Bilder, so entsteht eine Beziehung zur Innenwelt. Dann schwelgen wir in Erinnerungen, hängen Lieblingsvorstellungen nach oder machen Zukunftspläne.

Die innere Schau kann so kraftvoll sein, dass man seine äußere Umgebung vorübergehend kaum noch wahrnimmt. Obwohl Augen und Ohren offen sind, die Nervenbahnen alles registrieren und dem Gehirn zuleiten, bekommt man letztlich nichts von dem mit, was um einen herum vor sich geht. Im Zustand starker Konzentration etwa, wenn im Fernsehen ein guter Krimi läuft, hört man nicht, wenn das Telefon klingelt. Oder man fährt Auto, hat sich in einen Tagtraum verloren, sieht die rote Ampel nicht und verursacht einen Unfall. Hier war die innere Wirklichkeit, der Tagtraum, stärker als die äußere und die Ampel „war einfach nicht da". Bei diesem Unfall nun erleidet man einen Schock. Der wiederum bewirkt, dass man blicklos vor sich hin starrt und die Welt für eine Weile wie ausgeblendet ist. Die Außenwahrnehmung reduziert sich auf null.

Offensichtlich dreht sich alles um Stärke und Richtung von Aufmerksamkeit. Volle Aufmerksamkeit heißt bewusste Wahrnehmung und korrektes Erkennen, schwache Aufmerksamkeit heißt schwache Wahrnehmung und reduziertes Erkennen. Beim vollen Erkennen sagen wir „Ahaaa! Sooo ist das also!" Damit ist ein Wahrnehmungsvorgang abgeschlossen. Die Erkenntnis beendet ihn.

Ein Beispiel: Auf einem Spaziergang schweift Ihr Blick über eine Wiese und bleibt kurz an etwas Dunklem hängen. Hinterher fragen Sie sich, was dieses Dunkle wohl gewesen sein mochte. Ein Baumstumpf? Ein Vogel? Ein Hase? Die Aufmerksamkeit war gering gewesen, die Wahrnehmung entsprechend schwach, das Erkennen daher nur schwammig. Nun eine Variante desselben Beispiels: Ihr Blick schweift über eine Wiese und erfasst etwas Dunkles. Diesmal richten Sie Ihre volle Aufmerksamkeit darauf, machen sich genau bewusst, was Ihre Augen sehen. Sie erkennen: ein Hase, hurra! Vorsichtig gehen Sie darauf zu – nein, ein Vogel ist es! Und am Ende ist es doch bloß ein Baumstumpf. Aha, so so. Nicht berauschend - aber immerhin die Wahrheit. Indem Sie unmissverständlich erkannt haben, was es ist, haben Sie es im buchstäblichen Sinn „für wahr genommen".

Die Moral dieser Geschichte: Die Annäherung an eine letzte Wahrheit vollzieht sich Schritt für Schritt. Auf dem Weg dorthin kann man sich allerdings auch irren, indem man nämlich seine Lieblingsvorstellungen, Erwartungen oder voreiligen Schlussfolgerungen über das Wahrgenommene stülpt. Wahrnehmung und Erkennen sind somit ein Näherungsprozess. Erkennen bedeutet: etwas korrekt wahrnehmen und korrekt in bekannte Kategorien einordnen - eine Weisheit, die schon der Yogalehrer Patanjali vor einigen Tausend Jahren notierte: *Understanding is correct knowledge based on direct perception, inference, or the reliable testimony of others* (Sutren, I/7, nach Alistair Shearer).

Stärke und Richtung der Aufmerksamkeitsströme lassen eine Dynamik ähnlich der des Wassers entstehen. Im Bachbett strömt das Wasser munter voran, im Springbrunnen sprüht es in alle Richtungen, vor einer Mauer staut es sich auf. Mit der Dynamik der Aufmerksamkeit verhält es sich ähnlich. Bei starkem Interesse fließt die Aufmerksamkeit kraftvoll in eine einzige Richtung; bei Freude umstrudelt sie das Objekt der Freude, um es von allen Seiten zu genießen; im Zorn staut sie sich auf; im Ärger explodiert sie in alle Richtungen (wenn wir später die Emotionsstufen untersuchen, sehen wir das ganz genau).

Telepathie ist ganz normal

Von der Aufmerksamkeit ist es nicht weit zur Telepathie, zu Deutsch „Fernspüren" oder „Fernleiden" (abgeleitet vom Griechischen tele, fern, und pathos, fühlen oder leiden). Telepathie ereignet sich weit öfter, als man glaubt. Sie denken an einen lieben Menschen irgendwo auf der Welt – der mag im Urlaub sein, auf Geschäftsreise, auf Montage, im Kriegseinsatz – und schon spüren Sie, ob es demjenigen gut geht oder nicht oder ob er vielleicht in Gefahr schwebt. Häufig bekommt die Bezugsperson dort draußen das sogar mit - und kurz darauf klingelt Ihr Telefon und er oder sie ist dran und sagt: „Ich hab grad an dich gedacht." (Wer als erster an den anderen gedacht hat, ist nicht immer leicht herauszufinden.)

Indem man seine Aufmerksamkeit auf einen bestimmten Bezugspunkt richtet, ist die Auswirkung nicht bloß einseitig, sondern zweiseitig. Eine Interaktion vollzieht sich. Starrt einen jemand von hinten an, so blickt man sich um; kaum hat man „zufällig" an eine Freundin gedacht, da klingelt schon das Telefon und sie ist am Apparat; man vermeidet einen Unfall, indem man ein Auto nicht überholt, weil man spürt - noch bevor der Vordermann den Blinker gesetzt hat - er wird gleich nach links ausscheren, und vieles mehr.

Interaktion verläuft zweiseitig. Wir nehmen am jenseitigen Ende der Kommunikationslinie nicht bloß jemanden wahr, sondern teilen demjenigen auch etwas mit (wenn auch häufig unbemerkt). Wenn Sie Ihre Aufmerksamkeit auf einen Hund richten, dann nehmen Sie den Hund wahr; doch auch der Hund seinerseits bemerkt, dass er wahrgenommen wird. Anhand Ihres Aufmerksamkeitsstrahls erspürt er, wie es Ihnen geht, wie Sie „drauf" sind. Entsprechend wird er reagieren, noch bevor Sie ein Wort gesagt oder eine Geste gemacht haben. Hunde registrieren, wenn ihre Besitzer sich aufmachen, vom Büro aus nach Hause zu fahren, denn in diesem Moment richtet Herrchen seine Aufmerksamkeit auf Hundchen und Hundchen fiepst vor Freude und wedelt mit dem Schwanz (was der Biologe Rupert Sheldrake in „Dogs that know when their owners are coming home" ganz wunderbar beschrieben hat).

Nicht nur Menschen, Tieren und Pflanzen teilt sich unsere Aufmerksamkeitsenergie mit, sondern auch Dingen und Orten. Sie bleibt dort haften. Haben viele Menschen gemeinsam ein Unglück erlebt, etwa einen Flugzeugabsturz oder einen Bombeneinschlag, dann kann es einem Passanten gruseln, der Tage, Wochen oder gar Jahre später an dieser Stelle vorbei kommt, selbst wenn er von dem Vorgang nichts weiß. Sensitive Menschen können sogar die mentalenergetischen Erlebnisbilder erspüren, die an diesem Ort haften geblieben sind. Sie wirken auf den Wahrnehmenden wie ein in der Luft hängendes Foto mit emotionaler Ausstrahlung, das zwar mit den körperlichen Augen nicht zu sehen ist, mit dem geistigen Auge hingegen schon.

Aus all dem folgt: Aufmerksamkeit ist kein Nichts, sondern eine wirkende Energie. Es ist wie mit dem Wind: auch er ist kein Nichts, bloß weil man ihn nicht sehen kann; seine Auswirkungen aber, die kann man sehen. Stellen Sie sich deshalb der besseren Anschaulichkeit halber etwas Sichtbares vor, nämlich einen Wasserstrahl. Richtet man einen Wasserstrahl (d. h. seine Aufmerksamkeit) auf etwas, zum Beispiel auf eine Wand, dann wird die nass. Damit wäre eine zeitweilige Verbindung mit der Wand entstanden. Die Aufmerksamkeit haftet sozusagen als feuchter Fleck auf der Wand, was bedeutet: man denkt an die Wand. Man denkt an sie solange, wie es braucht, bis das Wasser verdunstet und die vormals feuchte Stelle wieder trocken ist. Das wäre das Ende dieses Kommunikationsvorgangs, denn nun wäre die an der Wand haftende Aufmerksamkeit verflogen. Kein Gedanke mehr an die Wand.

Anders beim Hund, denn der ist im Unterschied zur Wand ein fühlendes Wesen. Haben Sie einen Hund nass gespritzt, dann entsteht damit nicht nur eine Verbindung von Ihnen zum Hund, sondern auch eine umgekehrte, denn der Hund hat das bemerkt. Er wird sich auch noch dran erinnern, nachdem er wieder trocken ist. Ab da geht seine Aufmerksamkeit in Ihre Richtung; er beäugt Sie misstrauisch. Sie versuchen es mit einem Leckerli. Er knurrt. Sie drohen. Er kläfft. Ein zunehmend unerfreuliches Aufmerksamkeitsgefecht beginnt, das sich mächtig aufschaukeln kann und unter Umständen in Handgreiflichkeiten endet.

Aufmerksamkeit ist wirkende Energie. Sie ist kein Neutrum, keine geruch-, geschmack- und farblose Substanz. Vielmehr trägt sie unweigerlich eine emotionale Qualität in sich, im obigen Fall sind es Misstrauen und Hass. Dass man diese emotionale Qualität spüren kann, erhebt praktisch jegliche Kommunikation in den Bereich der Telepathie. Jeder Mensch kann mehr oder weniger spüren, wie sein Mitmensch drauf ist, ohne dass dazu was gesagt worden wäre. Er braucht ihn dazu nicht einmal anzusehen! Kurz, Telepathie beruht auf dem Erspüren der jeweils vorliegenden emotionalen Qualitäten.

ALLE LIEBEN EMOTIONALES VERSTÄNDNIS

Die heutige Umgangssprache bietet kaum Wörter an, um Emotionen differenziert zu beschreiben. In vergangen Jahrhunderten war das anders. Heutzutage aber beschränkt sich so mancher auf „cool" und „krass", „geil" und „ätzend". Im Beziehungsgespräch ist es mit „ich find dich gut" oder „du nervst" getan; beim eigenen Befinden geht es über „gut drauf" oder „mies drauf" oft nicht hinaus. Demnächst werden andere Formeln in Mode kommen, doch selbst wenn die Wörter wechseln, bleibt die Sprachlosigkeit. Zum Erhalten einer reifen und erfüllenden Beziehung reicht ein solches Vokabular nicht aus, erst recht nicht, wenn es ansteht, eine bereits gestörte Beziehung wieder in Einklang zu bringen.

Um emotionales Verständnis auszudrücken, reichen bereits Gesten und Blicke aus. Manchmal aber braucht es einfach die richtigen Wörter. Gelingt es, eine Emotion korrekt zu benennen, fühlen sich die Menschen da abgeholt, wo sie stehen, fühlen sich anerkannt, verstanden und bestätigt. Das freut sie. Sagt man zu einem ängstlichen Menschen: „Du bist aber ärgerlich", dann fühlt der sich nicht verstanden. Auf diese Weise holt man niemanden als Partner oder Mitspieler zurück ins Boot.

Emotionen sind keine Zufallsgebilde. Um mit den eigenen und denen anderer umzugehen, muss man ihre Systematik begriffen haben, sie voneinander unterscheiden und beim richtigen Namen nennen können. Empathie ist lernbar; sie ist nicht lediglich eine Begabung.

Heftige emotionale Ausbrüche sind nicht leicht zu verkraften, weder die wütenden noch die jubelnden; schon gar nicht, wenn man müde ist oder selbst an einem emotionalen Tiefpunkt steht. Fürchtet man sich aber vor Emotionen, scheut man vor ihnen zurück, so kann man nicht unbefangen mit ihnen umgehen. Woraus folgt, dass emotionale Toleranz und emotionales Verständnis die Schlüssel sind, mit denen sich die Herzen der Mitmenschen öffnen lassen. Dazu bleibt einem nichts anderes übrig - simpel ausgedrückt - als stetig und unter allen Umständen Größe, Stärke und Liebe zu zeigen. Nur auf diesem Weg lassen sich Menschen zu Freunden und Mitspielern machen. Genau das hat der Autor mit diesem Buch im Sinn: er möchte emotionales Verständnis erwecken und schulen.

EMOTION: „WAS AUS UNS HERAUS STRÖMT"

Was sind denn nun eigentlich Emotionen? Wie definieren sie sich? Der Begriff selbst gibt bereits Auskunft. „Emotion" kommt von ex (aus, hinaus) und motio (Bewegung), beides vom Lateinischen abgeleitet. Wörter wie Motor, Motiv und das englische motion haben die gleiche Herkunft. In der Tat bewegen sich Emotionen aus uns heraus: als Lautstärke und Klang des Sprechens, als Gesichtsausdruck und Körperhaltung, als Frequenz und Amplitude der Aufmerksamkeitsenergie. Dieses Schwingen der Aufmerksamkeitsenergie bezeichnet man gerne als „Atmosphäre". Die Gespräche verliefen „in guter Atmosphäre", heißt es gelegentlich in Presseverlautbarungen.

Atmosphäre entsteht, weil jeder Mensch unvermeidbar etwas ausstrahlt und seine Mitmenschen dies spüren. Selbst wer darin geübt ist, im Rampenlicht der Presse zu stehen, vermag die Ausstrahlung seiner wahren Befindlichkeit nur oberflächlich zu überspielen. Vielfältige kleine Signale dringen trotz allen Bemühens zu einem geübten Beobachter durch. Man kann sich nicht verstecken. Ein empfindsamer Mensch liest im Erscheinungsbild seiner Mitmenschen wie in einem offenen Buch. Grundlage dafür ist die wache, bewusste Aufmerksamkeit auf das betreffende Wesen, ob Mensch, Tier oder Pflanze.

Mitfühlen und Einstimmen, kurz Empathie, ermöglichen wirkliches Schauen oder Hören. Beim Telefonieren zum Beispiel hört man, wie die Stimme des Gesprächspartners schwankt, wie er den Tonfall ändert, wie er im Redefluss stockt. Noch in Momenten des Schweigens spürt man seine Stimmungsschwankungen. Auch Briefe und E-Mails sind nicht „neutral", sondern verraten die Emotionen des Verfassers. Unvermeidbar strömen sie hervor.

Impulse, Frequenzen, Amplituden

Kurze Zeitreise in den Physikunterricht: die Frequenz bestimmt die Tonhöhe und die Amplitude die Lautstärke, haben wir mal gehört. Für Nicht-Techniker: die Anzahl von Wellen, die pro Sekunde durchlaufen, ist ihre Frequenz (Häufigkeit), die Wellenhöhe ihre Amplitude (Weite). Je schneller die Impulse, desto höher der Ton; je größer die Schwingungsweite, desto lauter.

Ähnlich bei den Emotionen: je höher die Stimmungsstufe, desto schneller und flirrender die Schwingung. Im Zustand der Begeisterung fühlen wir uns so. Sinkt die Stimmung, wird die Schwingung langsamer, stumpfer, teigiger. Auch durch eine Amplitude sind Emotionen gekennzeichnet, denn sie haben Lautstärke. Man kann sich im Stillen freuen oder es lauthals in alle Welt hinaus posaunen, man kann leise weinen oder herzzerreißend schluchzen.

Wohlgemerkt ist hier nicht lediglich die akustische Erscheinungsform von Emotionen gemeint, also das, was jemand stimmlich von sich gibt, sondern ebenso die telepathische. Auch die Charakteristik einer telepathisch wahrgenommenen Emotion wird bestimmt durch Frequenz und Amplitude. Sensitive Menschen erspüren die emotionale Stufe und Stärke ihres telepathischen Kommunikationspartners in größter Deutlichkeit, sei es, dass sich dieser an einem weit entfernten Ort befindet, es sich um einen gerade Verstorbenen handelt, oder - während der Schwangerschaft - um einen noch nicht Geborenen.

EMOTIONEN AUCH OHNE HORMONE?

Die gängige Schulmeinung unserer Tage lehrt, Emotionen würden von den Hormondrüsen abgesondert, wie der Schweiß von den Schweißdrüsen und dies geschähe auf Anweisung eines Steuerungsorgans im Gehirn namens Amygdala (Mandeldrüse). Das allmächtige Gehirn, so heißt es, bestimme die Regungen der braven Seele (mehr zu diesem Thema siehe letztes Kapitel). Nach Auffassung nicht nur des Autors, sondern der globalen spirituellen Tradition, läuft die Sache indessen so einseitig nicht ab. Laut der mit MindWalking gemachten Erfahrungen entstehen Emotionen durch eine psychosomatische Interaktion, zu Deutsch eine Wechselwirkung von Leib, Seele und Geist.

Ein Beispiel: Ist man vor einer Prüfung aufgeregt, so schüttet das Nebennierenmark das Hormon Adrenalin aus und man spürt „Schmetterlinge im Bauch". Zur Abhilfe nimmt man ein Beruhigungsmittel, woraufhin weniger Adrenalin produziert wird und man sich beruhigt. Lässt die Wirkung des Mittels nach einer Weile nach, kommt das Lampenfieber zurück. Man nimmt die nächste Pille und in dieser Form würde es bis nach der Prüfung weiter gehen.

Wer ist wegen der Prüfung aufgeregt? Nicht das Nebennierenmark. Die Bauchspeicheldrüse weiß nichts von Prüfungen. Das Gehirn auch nicht. Noch wurde kein Ort im Gehirn gefunden, der über Prüfungen Bescheid wüsste. Man selbst weiß: eine Prüfung kommt auf mich zu. Man selbst zweifelt, ob man es schaffen wird. Wissen und Zweifeln sind geistige Aktionen, nicht solche des Gehirns. Es ist der mentale Konflikt von „schaff ich's oder schaff ich's nicht?", der einen aufgeregt macht. Diese rein mentale

Konfliktspannung löst über einen vitalenergetischen Resonanzprozess die Hirnaktivität und schließlich die Hormonproduktion aus (siehe dazu das Buch „MindWalking - Unbelastet in die Zukunft“ dieses Autors).

Hirnaktivität und Hormonproduktion sind somit Folge- und Begleiterscheinungen eines emotionalen Zustands, nicht dessen Ursache. Die Angst beginnt im Kopf, salopp ausgedrückt. Wäre man mit einer Meditationstechnik, einem Mentaltraining oder einer Form der Selbsthypnose vertraut und setzte dies ein, so würde die Hormonproduktion von vorneherein geringer ausfallen und schließlich abklingen. Wer solche Methoden nicht beherrscht, dem bleibt nichts anderes übrig, als zum Medikament zu greifen oder die Angst durchstehen zu müssen.

Offensichtlich spielen hier drei Faktoren ineinander: erstens man selbst als geistiges Wesen, zweitens das mit den Hormondrüsen verkoppelte Gehirn, drittens ein Hilfsmittel. Solche Hilfsmittel wären auf physiologischer Seite (für Hirn und Drüsen) Medikamente, Drogen oder Alkohol. Auf psychischer Seite (für den Geisteszustand) würde man zu einer Selbstberuhigungsmethode greifen. Beide Typen von Hilfsmittel wirken beruhigend, jedes auf seine Weise.

Betrachten wird das Zusammenspiel: Auf geistiger Seite ist man wegen der Prüfung unsicher und deswegen aufgeregt. Körperlich äußert sich dies als Lampenfieber. Man nimmt ein Medikament. Dieses wirkt auf chemischem Weg auf das Gehirn ein und stellt die Hormondrüsen ruhig. Zumindest vorübergehend geben sie weniger Stresshormone ab. Dadurch ändert sich natürlich nichts an dem Zweifel, ob man es schaffen wird. Geistig ist man immer noch aufgeregt, doch ist die körperliche Reaktion so lange unterdrückt, wie die chemische Wirkung anhält, und das macht die geistige Aufregung erträglicher. Man zittert nicht mehr und kann klarer denken. Selbstberuhigungsmethoden hingegen nehmen einen anderen Weg: man bringt seine Atmung ins Gleichmaß, verlangsamt seinen Herzschlag, verbindet sich geistig mit der allgegenwärtigen Urkraft. Gewissheit entsteht und nimmt den Platz des Zweifels ein. Man verspürt Ruhe und Kraft in Leib und Seele. Die Aufregung schwindet. Keine Signale mehr vom Geist ans Gehirn, demzufolge auch keine vom Gehirn ans Hormonsystem.

Prüfungsangst kann von keinem pharmazeutischen Mittel dauerhaft beseitigt werden, denn schließlich hat sie ihren Ursprung weder im Gehirn noch in den Drüsen, sondern im Wesen der Person. Langfristig lassen sich solche Erregungsanfälle nur durch die Kombination von gesteigertem Akzeptanzvermögen und Sachkompetenz in den Griff bekommen. Meditieren erhöht zwar das Akzeptanzvermögen, reicht aber zum Bestehen einer Prüfung nicht aus. Lernen und seine Sachkompetenz steigern muss man schon auch noch. Mit anderen Worten, in ganzheitlicher Persönlichkeitsentwicklung liegt die langfristige Lösung des Problems: lernen, sich von einer Erregung nicht überwältigen zu lassen; lernen, sie erst gar nicht aufkommen zu lassen; lernen, was in den Prüfungsunterlagen steht. Erfolge verbuchen. Selbstsicherheit aufbauen. Dann hat man selbst gewonnen und nicht ein Mittel, zu dem man in seiner Not (und damit aus gutem Grund) hat greifen müssen.

Hiermit soll keinesfalls gesagt werden, dass Medikamente und Pharmaka des Teufels seien. Sie haben ihren guten Platz in Momenten der Not - dann nämlich, wenn eine geistig-seelische Überwältigung droht oder schon eingetreten ist, wenn Geist und Körper am Durchdrehen sind. Gegen einen psychotischen Schub kommt keine Meditationstechnik an, die man eben schnell mal auf einem Wochenendseminar gelernt hätte. Zwar lässt sich eine solche Psychodynamik mit geistigen Mitteln durchaus in den Griff bekommen, gewiss, aber es dauert seine Zeit, bis man so weit ist.

MUT UND GEMÜTLICHKEIT

Zur Übersetzung des lateinischen Wortes „Emotion“ ins Deutsche bieten sich die Wörter Gemütsbewegung und Gemütswallung an. Bis ins 19. Jahrhundert sprach man nicht von Emotion (das Wort kam damals erst in Gebrauch), sondern von Empfindsamkeit und Sentiment. Letzteres klingt bis heute nach in „du bist aber sentimental". Nach Meinung des Autors sind Gemütsbewegung und Gemütswallung die treffendsten Übersetzungen, so altertümlich sie klingen mögen, denn kommt es zur seelischen Dynamik, so wallt fühlbar etwas in uns auf und bricht hervor: Lachen, Weinen, Zorn, Ärger, Glück. Da bewegt sich etwas, da gerät etwas in Wallung. Nämlich was? Das Gemüt.

Was bedeutet Gemüt? Der Begriff ist in der Wortfamilie „Mut" zu Hause. Eine äußerst verzweigte Verwandtschaft ist das. Wir sollten sie genauer kennen lernen, denn das wird uns dem Begreifen von Emotionen ein Stück näher bringen. Beginnen wir mit einem entfernten Verwandten dieser Familie, der in England wohnt. Spricht man ihn laut aus, so klingt er genauso wie „Mut", doch schreibt er sich anders, nämlich mood. Hat ein Engländer gute Laune, ist er *in a good mood* - guten Mutes, wie man hierzulande sagen würde. Wer in England *in the mood* ist, ist „richtig gut in Stimmung".

Im Unterschied zu den Angelsachsen denken wir Germanen bei Mut nicht als erstes an eine gute oder schlechte Stimmung, sondern an den kühnen Helden, der die Jungfrau aus der Höhle des Drachens rettet, oder an den Feuerwehrmann, der das kleine Kätzchen im Baumwipfel birgt. Doch es gibt da noch einige weitere Vertreter dieser Sippe kennenzulernen. Besuchen wir deshalb die Herren Mut in ihrem Club (nur Herren sind zugelassen, denn Mut ist maskulin). Da kommt der Hochmut hereinstolziert und schaut auf den Rest der Welt hinab, vor allem auf den Missmut, der mit säuerlichem Gesicht an der Bar sitzt und Schnaps trinkt. Der Großmut hingegen blickt gutmütig umher und stört sich weder am herumnölenden Unmut, dem man nichts recht machen kann, noch am Übermut, der mit seiner aufdringlichen Akrobatik gerade einen Tisch samt Gläsern umgeschmissen hat. Die Demut, nicht etwa einziges weibliches Mitglied dieses

Clubs, sondern lediglich Angestellte, räumt ohne ein Wort des Vorwurfs die am Boden verstreuten Scherben weg. In einer Ecke sitzt schüchtern der Kleinmut und traut sich kaum heraus. Langmut und Gleichmut sitzen gemütlich in den Polstersesseln und verhandeln mit dem Edelmut über langfristige Projekte, wobei jedoch der Wankelmut als vierter in der Runde bei jeder anstehenden Entscheidung bedenklich den Kopf hin- und herwiegt. Hingegen langweilt sich Hartmut, der Mann mit dem harten Mut, zu Tode. Er wäre lieber mit Helmut auf einer Mountainbike-Tour durch die Hochalpen; dieser aber in seinem eher hellen Mut würde sich auf so etwas Todesmutiges nie einlassen.

Grundsätzlich bedeutet „Mut“, dass man die Fähigkeit und den Willen hat, etwas zu unternehmen. Wie wir aber oben gesehen haben, gibt es da viele Varianten, deren jede eine unterschiedlich emotional gefärbte Haltung zum Leben ausdrückt, einen Gemütszustand eben. Damit es zu solchen Gemütszuständen kommen kann, braucht es drei Zutaten: einen Akteur, einen Bezugspunkt und eine Beziehung. Der Bezugspunkt - wir sprachen eingangs schon darüber - könnte sein: ein Mensch, ein Tier, eine Pflanze, auch ein Ort, ein Vorhaben, eine Tätigkeit, eine Institution, ein Zustand (wie etwa Schönheit, Friede, Gesundheit); kurz, alles, was einem wichtig ist, einem als Orientierungs- und Fixpunkt dient, erhebt man kraft dieser Wichtigkeit zum Bezugspunkt. Weil der Akteur hinsichtlich des Bezugspunktes etwas anstrebt, besteht zwischen Akteur und Bezugspunkt eine von Wichtigkeit und Wert gespeiste Beziehung. Daran wiederum entzünden sich Emotionen. Der Gärtner will den dicksten Kürbis ernten, der Segler die Regatta gewinnen, der Pianist die Beethoven-Sonate vortragen, der Mann die Frau gewinnen, die Frau den Mann, die Mutter das Kind zu einem anständigen Menschen machen. Sie alle wollen etwas erreichen, das ihnen wichtig ist.

Ohne Wichtigkeit gäbe es kein Streben; ohne Streben käme es zu keiner Bewegung des Gemüts. Das Streben bewirkt die Gemütsbewegung. Kurz, ohne Streben keine Emotionen.

OHNE STREBEN KEINE EMOTIONEN

Wir streben nach Glück, Erfüllung, Reichtum, Gesundheit, Freiheit, Schönheit, Erkenntnissen, Erleuchtung und was der guten Dinge mehr sind. Wir streben nach Wunscherfüllung. Vom Unerwünschten streben wir fort, fort von Enge, Nässe, Kälte, Zwang, Lärm, Armut, Hunger und Sklaverei. Ist uns hingegen gleichgültig, ob ein bestimmter Bezugspunkt existiert oder nicht, so gibt es in dessen Richtung auch keinerlei Streben. Es gilt uns gleich, ob so oder so, es rührt uns nicht an, wir bleiben buchstäblich ungerührt. Ebenso wenig kann es ein Streben geben, wenn wir von etwas noch nie gehört haben und es einfach nicht kennen. Was uns unbekannt ist, kann keine Gemütsbewegung in uns erwecken.

Streben setzt Willenskraft voraus. Man will zu etwas hin oder von etwas weg, weil man sich das so in den Kopf gesetzt hat. Man hat Absichten und will sie verwirklichen. Egal, was der gute Grund sein mag, man will es einfach so, fertig. Willenskraft ist im Zusammenhang mit Emotionen ein Schlüsselbegriff, ohne den sich Emotionen nicht verstehen lassen. Was sich nämlich in Form von Emotionen aus uns hinaus bewegt und für andere spürbar wird, beruht zum einen auf dem Willen, zum anderen auf dem Ausdruck dieses Willens, nämlich der Kraft unserer Aufmerksamkeit. Beides sind Erscheinungsformen unserer geistigen Energie.

Folgerichtig sind Emotionen in Abhängigkeit der Stärke und Färbung von Aufmerksamkeit und Willenskraft zu betrachten. Läuft es, wie wir wollen, so freuen wir uns. Geht es schief, sind wir traurig. Je stärker wir streben und je mehr vom Erreichen des Ziels abhängt, desto kraftvoller ist die Dynamik der Emotionen.

Tatkraft, Einsatzbereitschaft, Kampfesmut und Motivation haben als gemeinsamen Nenner die Willenskraft. Nähern wir uns trotz aller Widerstände spürbar dem Ziel, so sind Tatkraft, Einsatzbereitschaft und Motivation ungebrochen. Wir sind guten Mutes, die Emotion ist eine hohe. Angesichts unüberwindlicher Hürden und schmerzhafter Rückschläge hingegen schwächelt unsere Willenskraft; unser Mut schwindet. Zunächst werden wir missmutig, dann kleinmütig, schließlich mutlos. Dann ist es vorbei mit allem Streben; wir sehen keine Zukunft mehr; das Spiel ist aus.

Offensichtlich hängen Frustration und Emotion aufs engste zusammen. Frustration ist das Erleben von Vergeblichkeit (frustra, lateinisch, heißt vergeblich). Je stärker und andauernder die Widerstände, desto stärker die Frustration und desto tiefer die Emotion.

Eine gefährliche Angelegenheit, dieses Streben, denn leider kann es auch mal anders ausgehen als erwartet. Ginge es daher nicht viel besser ohne Streben? Kaum. Schließlich hat man seine Wunschbilder, seine Ideale und Visionen. Man möchte doch die Welt verbessern, jeder auf seine Weise, oder es sich zumindest ein bisschen gemütlicher in ihr einrichten. So wie die Dinge sind, sind sie zumeist unvollkommen, wir aber, die wir Idealisten sind, streben nach Vollkommenheit. Deswegen muss jetzt ein neues Sofa ins Wohnzimmer. Oder ein Feldzug gewonnen werden. Oder der Klimawandel eingedämmt. Oder der Mars besiedelt. Jeder denkt da in seiner eigenen Größenordnung. Aber nach Wunscherfüllung streben wir alle.

Solange man in die eigenen Pläne nicht dermaßen vernarrt ist, dass man nicht von ihnen lassen kann, wäre noch alles in Ordnung. Denn nicht das Streben als solches ist problematisch, sondern das „unedle" Streben: das sture, starrsinnige Festhalten an unhaltbaren Wünschen, Idealen und Zielen, das Sich-Anklammern an Menschen – weil man Angst hat zu vereinsamen, zu enttäuschen, zu scheitern. Wer loslassen kann, ohne dabei seinen Gleichmut zu verlieren, seine heitere Gelassenheit, hat gewonnen. Der gleichmütige Mensch ist emotional ausgeglichen und heiter, sagt Buddha in seiner „Lehrrede vom edlen Streben": „Durch das Freiwerden von Sucht nach Freude weilt er gleichmütig, nachdenklich und besonnen."

GEFÜHLE, STIMMUNGEN, LAUNEN - DER UNTERSCHIED

Statt Emotion sagt man oft Gefühl, Stimmung oder Laune. Man hat ein gutes Gefühl oder ein ungutes, gute Laune oder schlechte, ist in Bombenstimmung oder in mieser. Genau genommen bedeuten diese Wörter nicht ganz genau das gleiche. Eine Stimmung ist etwas anderes als eine Laune oder ein Gefühl. Schauen wir uns das einmal genauer an.

Das Gefühl kommt aus Körper und Seele

Ein Gefühl - das könnte eine augenblickliche körperliche Empfindung sein, zum Beispiel Hunger, Schmerz oder Kälte. Sofern eine baldige Änderung dieser unerwünschten Zustände zu erwarten ist, bleibt der Gleichmut erhalten. Keine Gemütsbewegung tritt dann auf, Emotionsschwankungen bleiben aus. Ahnt man aber, dass sich Hunger, Schmerz oder Kälte demnächst nicht beseitigen lassen werden, so könnte man durchaus in Angst oder Panik geraten. Womit sich andeutet, dass wir auch dann etwas fühlen, wenn es sich nicht im Körper ereignet, zum Beispiel eine Ahnung oder Intuition. Beides vollzieht sich „in uns selbst“ und ist von Gemütsbewegungen begleitet, etwa: „bei diesem Geschäft hab ich kein gutes Gefühl“ oder „ich ahne nichts Gutes.“

Beide Aussagen verweisen auf vorhandene Emotionalität - nur, was heißt „kein gutes Gefühl“? Um welche der vielen möglichen Emotionen geht es hier genau? Vielleicht macht sich der Angesprochene Sorgen, er werde bei dem Geschäft keinen ausreichenden Gewinn machen. Vielleicht fürchtet er, einem Betrüger aufzusitzen. Er könnte darüber verärgert sein, sich mit so einem unschönen Geschäft befassen zu müssen. Er könnte wegen irgendwelcher faulen Kompromisse wütend sein und seinen Geschäftspartner dafür hassen. Und vieles mehr. Aus einer Anzahl völlig unterschiedlicher Emotionen könnte eine bestimmte ins Schwingen gekommen sein und zu dem unguten Gefühl führen. Deswegen ist es ratsam nachzufragen: „Wenn du bei diesem Geschäft kein gutes Gefühl hast, was für eine Emotion spürst du denn da genau?" Weiß man das, so fällt es leichter, dem Betreffenden einen Ausweg aus seiner Situation aufzuzeigen.

Kurz, wer von einem Gefühl spricht, könnte damit eine Körperempfindung meinen, eine Ahnung oder auch eine Emotion. Was es genau ist, sollte man jeweils erfragen.

Stimmung kommt von Stimme

Kommen wir zur Stimmung. In Stimmung steckt Stimme. Wenn zwei Stimmen gemeinsam singen, sollten sie aufeinander eingestimmt sein, sonst klingt es schräg. Wenn man vor dem Musizieren die Instrumente stimmt, so hat das nichts mit den Launen, Gefühlen oder Wallungen der Musiker zu tun, sondern ganz sachlich und praktisch mit Resonanz. Man stimmt sich auf eine vorgegebene Schwingung ein, zum Beispiel auf die eines anderen Instruments oder die einer Stimmgabel. Erst wenn alle Instrumente aufeinander gestimmt sind, stimmt die Stimmung im Orchester. Nicht umsonst sagt man „es stimmt", wenn etwas gut, wahr und richtig ist, denn dann steht es in Übereinstimmung mit Anderem.

Wer schlecht gestimmt und somit in schlechter Stimmung ist, bringt es nicht fertig, sich auf eine Situation einzustimmen, so schön diese auch sein mag. Susanne besucht eine Party, aber weil sie sich wegen einer Kündigung des Jobs Sorgen macht, gelingt es ihr nicht, sich auf die Party einzustimmen. Sie kommt nicht in Stimmung. Woran liegt das? An ihrer schlechten Laune. Denn wer sich Sorgen macht, hat schlechte Laune. Weil er schlechte Laune hat, kann er sich nicht einstimmen. Er erweist sich als kratzbürstig, als nicht ansprechbar.

Die Laune kommt vom Mond

Womit wir bei der Laune wären. Laune kommt von luna, dem lateinischen Wort für Mond. Die Astrologen des Mittelalters sahen einen Zusammenhang zwischen dem Zu- und Abnehmen des Mondes und den Schwankungen menschlicher Gemütszustände. Die Launen, so dachten sie, folgten dem Mond. Insbesondere bei Vollmond, so glaubte man, wären die Launen der Menschen unberechenbar. Noch bis zum heutigen Tag bezeichnen wir einen Menschen als launisch, wenn seine Emotionen ständig und unvorhersehbar wechseln. Mal ist er begeistert dafür, mal wutschnaubend dagegen. Heute so, morgen so.

Launische Menschen gelten als unzuverlässig, denn sie sind unberechenbar und benehmen sich häufig daneben. Sie wirken wie ein Instrument in einem Orchester, das sich alle paar Minuten verstimmt und damit dem ganzen Orchester die Stimmung verdirbt.

Emotion, Stimmung, Laune und Gemütsbewegung sind so eng miteinander verwandt, dass sie in diesem Buch mehr oder weniger gleichlautend verwendet werden sollen. Es hat sich nun mal so eingebürgert. Immerhin kennen wir jetzt die feinen Unterschiede. Wenn es mal Not tut, werden wir auf sie zu achten wissen.

DIE ZUTATEN: STIMME, ATMUNG, VITALKRAFT

In der Art und Stärke der Emotionen drücken sich Ausmaß und Eigenart von Aufmerksamkeit und Willenskraft aus. Auf diese Weise sind Emotionen direkter Ausdruck unserer geistigen Haltung zu den Dingen der Welt wie auch zu uns selbst. Sie drücken die Qualität unserer Beziehung zu Vergangenheit, Gegenwart und Zukunft aus, anders gesagt zu Erinnerung, Realwahrnehmung und Vorstellung. Bei einer zukunftsbezogenen Emotion beispielsweise verspüren wir Vorfreude bei unserer Vorstellung des zu erwartenden Sieges über die gegnerische Mannschaft; wir schaudern bei der Vorstellung an eine Niederlage. Bei einer vergangenheitsbezogenen Emotion freuen wir uns bzw. schaudern bei der Erinnerung an Sieg oder Niederlage. Gegenwartsbezogene Emotionen während eines laufenden Spiels wären der Jubel über die real wahrgenommenen eigenen Tore und das Schaudern angesichts derer des Gegners.

Diese Dynamik der Werte - „dies ist gut, jenes schlecht" - ereignet sich im Geist. Sie geht einher mit Schwankungen von Aufmerksamkeit und Willenskraft. Sichtbare Folge dieser Dynamik ist die unmittelbar erfolgende emotionale Ausstrahlung, auch sie eine geistige Energie. Körperlich wirkt sich dies aus in Haltung, Gesichtsausdruck, Herzschlag, Atmung und Stimme. Darauf werden wir genauestens eingehen, wenn wir weiter unten die Emotionsleiter Stufe für Stufe untersuchen, denn jede Stufe hat diesbezüglich ihre Eigenheiten.

Den Einsatz der Stimme schauen wir uns der Anschaulichkeit halber gleich hier schon einmal an. Um Emotionen Luft zu machen, pflegen wir Laute in unterschiedlicher Tonhöhe und Stärke auszustoßen, insbesondere die Vokale A, E, I, O und U. „Aaah!" jauchzen wir, wenn wir erfreut sind. „Eeeh!" hat einen Unterton von Zorn: „Lass das bloß bleiben, du!" Wenn es eklig und schleimig wird, schreien wir „Iiih!"; eine Überraschung bestaunen wir mit: „Oooh!"; wenn es knapp daneben ging, stöhnen wir: „Uuuh!" Wenn es gut geschmeckt hat, brummen wir: „Hmmmm!" Darüber hinaus gibt es natürlich auch noch „pfff!", „pah!", „tst!", „hmpf!" und vieles mehr.

Je nach Intensität unserer Gemütsbewegung tönen wir laut oder leise, setzen also die Atmung mal stark, mal schwach ein. Ausatmen schafft Raum. Wer laut jubelt oder brüllt, nimmt großen Raum ein. Er ist draußen in der Welt. Bei tonlosen Emotionen hingegen - wenn wir vor Schreck den Atem scharf einziehen und anhalten, oder wenn es uns vor Überraschung die Sprache verschlägt - verlagert sich der Raum nach innen, denn in solchen Momenten sind wir nicht draußen, sondern ganz bei uns selbst.

Die Körperhaltung, die wir bei unterschiedlichen Emotionen unwillkürlich einnehmen und die allen Menschen eigen ist, kommt durch das

Strömen, Überkreuzen und Stocken der Vitalströme zustande, wie sie bei Paracelsus heißen. Die Germanen nannten sie Odem, die Griechen Pneuma, die Inder Prana; alles drei übersetzt sich mit „Atem". Bei dem nach dem 2. Weltkrieg wirkenden Wunderheiler Bruno Gröning war es der „Heilstrom". In China heißt diese Kraft Qi (ausgesprochen: Tschi).

Vielleicht haben Sie diese Kraftbahnen schon einmal auf einer Akupunkturpuppe als blaue und rote Linien eingetragen gesehen. Stellt man sich einen Menschen mit leicht gegrätschten Beinen und hochgereckten Armen aufrecht stehend vor, also in Form eines X, dann ist damit nach Auffassung der chinesischen Daoisten eine Verbindung von Erde und Himmel gegeben. Daoisten berufen sich auf Lao-tzu, der seine Lehre vor zweieinhalbtausend Jahren in einem Buch namens Dao-de-jing niederlegte (früher Tao-te-king geschrieben). Unsere europäischen Druiden hatten eine ähnliche Auffassung vom Energieverlauf, siehe die X-Rune als symbolische Darstellung.

Dieses „X" ist allerdings nicht rein symbolisch zu verstehen, sondern auch praktisch; schließlich arbeiten Akupunkteure mit dem Fließen des Qi. Mit ein wenig Übung kann man es körperlich spüren. In der Begrifflichkeit des Daoismus sprechend, strömt das Qi von der Erde über die Innenseite der Schenkel nach oben, bündelt sich auf der Vorderseite des Körpers in den Kanälen von Schambein bis Kehle und fließt weiter aufwärts über die Innenseite der Arme in den Himmel („Erde" und „Himmel" sind nicht wörtlich zu verstehen, sondern stehen für philosophische Konzepte). Der Strom kehrt zurück über die Außenseite der Arme, die Flanken und die Außenseite der Schenkel und tritt schließlich wieder in die Erde ein. Ein energetischer Kreislauf.

Wie sehr unsere Körperhaltung von dieser Strömung bestimmt wird, lässt sich anhand der X-Haltung unmittelbar erkennen, denn beim Jubeln nehmen wir sie spontan ein. Im Jubel ist vollste Kraft gegeben, das Qi strömt durch uns durch und aus uns heraus und steckt alle Welt an. Der

Gegenpol dazu ist die Apathie. Da klappen wir resigniert zusammen, denn alle Kräfte haben uns verlassen, der Körper erschlafft und wird zu einem Häufchen Elend. Nicht nur diese beiden emotionalen Extreme, sondern auch alle dazwischen liegenden Emotionen lassen sich mit den Qi-Strömen in Bezug setzen. Anhand der im nächsten Kapitel folgenden Emotionsleiter wird dies eingehend untersucht werden.

Die Chakren

Im Zusammenspiel zwischen der emotionalen Dynamik und dem Fließen der Vitalkraft spielen die Chakren eine bedeutende Rolle. Chakra, ein Begriff aus dem Sanskrit, bedeutet wörtlich „Rad" oder „Kreis". Die Chakren stellen die Verknüpfung zwischen Geist, Vitalkraft und Körper her. Es gibt feine und feinste Chakren, aber elf davon lassen sich mit ein wenig Übung erfühlen, selbst wenn man das darauf spezialisierte Kundalini-Yoga nicht betreibt. Sieben sind entlang der Wirbelsäule angeordnet, zwei weitere liegen auf den Handflächen und nochmals zwei auf den Fußsohlen. Jedes Chakra hat seine eigene Funktion und Auswirkung. Weil die Chakren eine so spürbare Rolle bei der emotionalen Dynamik spielen, wollen wir hier knapp auf sie eingehen:

❶ Das erste Chakra liegt unterhalb des Körpers zwischen den Beinen und berührt den Körper an einem Punkt zwischen den Schenkeln. Es ist, als säße man auf einem dicken Ball. Dieses Chakra bedient die Grundkraft der Vitalität, die Erdkraft. Es ist sozusagen das letzte Licht, das im Körper ausgeht, unmittelbar bevor er verstirbt.

❷ Das zweite Chakra bedient die Sexualkraft; es liegt zwischen Geschlechtsteil und Nabel.

❸ Das dritte Chakra, eine Handbreit über dem Nabel im Bereich des Solarplexus, ist das Kraftzentrum und bedient die Tatkraft. Aus diesem Grund kultiviert man in sämtlichen asiatischen Kampfkünsten das zweite und dritte Chakra unter der Bezeichnung Hara bis aufs höchste Niveau der Körperbeherrschung.

❹ Das vierte Chakra am Brustbein bedient die Herzkraft, sprich die Emotionalität (daher „Hand aufs Herz", „es tut mir im Herzen weh", „ein Herz und eine Seele"; daher die Christusdarstellungen mit blutendem Herzen; usw.).

❺ Das fünfte Chakra an der Kehle bedient die Absichtskraft, die jeglicher Kommunikation unterliegt, der verbalen wie auch der telepathischen.

❻ Das sechste Chakra an der Stirn knapp oberhalb der Nasenwurzel bedient die telepathische und die prophetische Schau, sprich das Fernsehen und das Zukunftssehen. Deswegen nennt man es auch „drittes Auge".

❼ Das siebte Chakra oberhalb des Scheitels bedient die Himmelskraft; es ist sozusagen ein zweiwegiger Durchlauferhitzer zu und von der universalen Urkraft. In der christlichen Tradition stellt man Heilige mit einem goldenen Ring um den Kopf dar, in Asien mit einem Flammenkranz. Dieser Heiligenschein soll andeuten, dass die Betreffenden mit „da oben" in Verbindung stehen.

Die zwei Chakren in den Handflächen, sofern voll entwickelt, haben ähnliche Strahlkraft wie die Flutlichtanlagen auf Fußballplätzen; sie dienen der Heilung und Segnung. Auch die beiden Chakren an den Füßen strahlen kräftig aus, werden aber außer in der asiatischen Kampfkunst nicht weiter eingesetzt. Mit Hilfe der Fußmassage lassen sie sich aufladen.

Wegen des Flutlichtcharakters der beiden Handchakren lassen Heiler ihre Hände über erkrankte Körperzonen gleiten, segnen Priester die Gemeinde mit ausgebreiteten Armen und beschwichtigen Redner vom Podium herunter mit eben dieser Geste ein aufgeregtes Publikum. Yogis nehmen zur vollen Ausnutzung aller Chakren die bekannte Haltung im Lotussitz ein. In dieser Position zeigen die Fußsohlen und Handflächen nach oben, Mittelfinger und Daumen sind zum Ring geschlossen, Bauch und Rücken sind gerade aufgerichtet. Alle Kräfte aus sämtlichen Chakren und den Kanälen an Armen, Beinen, Bauch und Rücken sind damit in einem geschlossenen Energieball versammelt und verdichtet. Nichts verstrahlt in den Kosmos hinein und geht verloren; alles wird in den internen energetischen Kreislauf rückgeführt. Diese Verdichtung bewirkt, dass das gewünschte Ergebnis eintritt: die zentrale Kundalini-Kraft steigt gebündelt in der Wirbelsäule auf und verbindet sich mit der Universalenergie. Was sich schön anfühlt, für Gesundheit und langes Leben sorgt und somit unbedingt empfehlenswert ist.

Viele Publikationen zeigen Chakren als mit Blüten und Farben dekorierte geometrische Gebilde mit kaum aussprechbaren altindischen Bezeichnungen. Deswegen glaubt mancher, das sei etwas Heiliges. In Wirklichkeit handelt es sich bei den Chakren um simple energetische Funktionsträger mit dynamischer Auswirkung. Werden sie als entlang der Wirbelsäule angeordnete Punkte gezeigt, ist das insofern richtig, als man sie dadurch korrekt als die Zentren markiert, die sie sind, jedoch auch irreführend, denn schließlich erstrecken sich Chakren von ihren Zentralpunkten aus auch in die Breite, denn es handelt sich um Kraftfelder. Würde man sich einen menschlichen Körper innerhalb von sieben aufeinander getürmten Traktorreifen aufrecht stehend vorstellen, wäre man näher dran am real erlebbaren Chakren-Feeling.

Ingenieurtechnisch gesprochen, bildet jedes Chakra eine vitalenergetische Schwingungszone, vergleichbar mit den Schwingungsbögen und -knoten einer Gitarrensaite. Zupft man eine Saite an, so entsteht durch den Hin- und Rücklauf und die Überlagerung verschiedener Schwingungen eine stehende Welle und damit ein Muster aus Bögen und Knoten, die am Platze bleiben. Rockmusiker wenden dieses Prinzip an, wenn sie die E-Gitarre vor den

Lautsprecher halten, um auf diese Weise eine „feedback loop“ zwischen Gitarre und Lautsprecher aufzubauen, die sich als endloser Ton äußert. Im Vergleich erstreckt sich die vitalenergetische Gitarrensaite zwischen zwei statischen Fixpunkten, nämlich der Unendlichkeit des Himmels und der der Erde; dazwischen ereignet sich über die fünf Schwingungszonen zwischen den sieben Chakren ihre Dynamik.

Rückblickend sei zusammengefasst: Es gibt hohe Stimmungen und niedrige, gute Launen und schlechte, starke Gemütsbewegungen und schwache. Sie ereignen sich nicht unabhängig voneinander „per Zufall“, sondern folgen einer Systematik, die sich als Stufenleiter beschreiben ließe. Im nächsten Kapitel werden wir ihre dynamische und logische Abfolge anhand einer erfunden Geschichte miterleben.

• DIE STUFENLEITER DER EMOTIONEN •

Im echten Leben spielen sich Emotionen nicht in einer ordentlichen Reihenfolge ab, sondern es geht rauf und runter und kreuz und quer. Je mehr Absichtsträger zusammenwirken, desto komplexer und letztlich unentwirrbar wird das Geschehen.

Zur Verdeutlichung emotionaler Komplexität hier ein Beispiel mit lediglich zwei Absichtsträgern: Herr Wilhelm will einen Nagel in die Wand schlagen, um ein Bild aufzuhängen. Der Nagel wird krumm. Der zweite und dritte Nagel tut's auch nicht. Herr Wilhelm wird zunehmend sauer, schlägt fester und fester mit dem Hammer zu; am Schluss liegen viele krumme Nägel auf dem Parkett und die Wand hat ein Loch. Herrn Wilhelms Streben hat sich wegen eines Hindernisses nicht erfüllt und entsprechend ging seine Emotion in den Keller. Allerdings, der Nagel kann nichts dafür. Denn er trägt keine Absicht in sich.

Kommt auch nur ein einziger weiterer Absichtsträger hinzu, wird es sofort komplizierter: Herr Wilhelm strebt nach ordentlich aufgehängten Bildern und schlägt seine Nägel in die Wand. Der Nachbar hingegen strebt nach Ruhe und beschwert sich über den Lärm. Es geht lautstark hin und her, keiner will nachgeben. Man verkracht sich. Im Treppenhaus grüßt man sich nicht mehr.

Selbst bei zwei oder mehreren Absichtsträgern bliebe die Situation noch überschaubar, falls die sich nicht schon von früher kennen. Der Streit zwischen Herrn Wilhelm und seinem Nachbarn ließe sich relativ leicht schlichten, sollte es sich um ein erstes Mal handeln, wenn also Herr Wilhelm gerade erst eingezogen wäre. Hätte er aber als alter Mieter in diesem Haus bereits früher einmal mit diesem Nachbarn einen Krach gehabt oder gar mehrere, so würde die eher harmlose Sache mit dem Nagel alte Wunden aufreißen, sich endlos hochschaukeln, und vor Gericht sähe man sich wieder.

Noch komplexer wird es, wenn sich die beiden zwar noch nie getroffen haben, aber jeder für sich bereits Erfahrungen mit „solchen Typen wie dem da" gemacht hat. Die bösen Erfahrungen mit Menschen der fernen Vergangenheit würden dann auf den Menschen der unmittelbaren Gegenwart übertragen. So etwa könnte Herr Wilhelm bereits in seiner vorigen Wohnung unter einem giftigen Nachbarn gelitten haben, und ähnlich sein gegenwärtiger neuer Nachbar unter einem lautstarken Vormieter. Zöge Herr Wilhelm nun neu ein und finge an zu hämmern, so würde sich eventuell ein Streit jenseits aller Verhältnismäßigkeit entflammen. „Schon wieder so ein Typ!", würden beide denken - und sich wegen nichts in die Haare geraten.

Eine Urlaubstragödie mit Heldin und Gegenspieler

Wegen ihrer Komplexität eignet sich eine Auseinandersetzung wie die zwischen Herrn Wilhelm und seinem Nachbarn kaum zur Darstellung einer Systematik der Emotionen. Deswegen wird sich die nun folgende Geschichte vom missglückten Bali-Urlaub auf nur zwei Akteure beschränken, auf nur zwei Absichtsträger: auf Frau Friedrich, Heldin des Geschehens, die sich auf einen wunderschönen Urlaub freut, und den Zimmerkellner Dewa, der ihr den Urlaub verdirbt. Er wird ungewollt zum Gegenspieler, weil er zwar freundlich, aber unfassbar stur ist und absolut nicht mitdenkt. Frau Friedrichs Absicht, den Urlaub zu genießen, wird von Dewas Absicht, zu Diensten zu sein, zunehmend frustriert. Frau Friedrich fällt Stufe um Stufe die emotionale Leiter abwärts, bis ihr schließlich der ganze Urlaub vermiest ist.

Der Einfachheit halber ereignet sich die seelische Dynamik ausschließlich auf Seiten Frau Friedrichs. Dewa seinerseits begreift nie so recht, was sich da vor seinen Augen ereignet. Über eine zunehmende Verblüffung hinaus bleibt er emotional neutral. Dennoch - so künstlich und karikaturenhaft die Begebenheit auch gehalten sein mag - wird der Leser die Bezüge zum wirklichen Leben in dieser Urlaubstragödie unschwer selbst erkennen.

Laden wir nun Frau Friedrich auf die Bühne des Geschehens ein. Sie ist 39 Jahre alt, Angestellte in einem Supermarkt in Frankfurt, hat bei einem Preisausschreiben eine Traumreise nach Bali gewonnen und freut sich wahnsinnig darauf.

BEGEISTERUNG

Die Story

Der Frankfurter Flughafen war schon aufregend, der Flug großartig - und nun Bali! Frau Friedrich ist angekommen. In schicker neuer Bluse und heller Sommerhose tritt sie aus der Flugzeugtür, steht oben auf der Rollbahntreppe und schnuppert entzückt die samtige Tropenluft. Der Transfer zum Hotel verläuft reibungslos; nun steht sie auf der Veranda ihres Bungalows aus Palmenstroh und Bambusgeflecht, genießt den Blick über das kristallgrüne tropische Meer und weiß sich vor Begeisterung kaum zu fassen. Diese Aussicht! Der blaue Himmel! Der weiße Strand! Die Kokospalmen! Sie tritt ins Haus. Diese schlichten Möbel aus edlem Massivholz! Diese herrlich erfrischende Brise durch die weit geöffneten Fenster! Frau Friedrich weiß gar nicht, wo sie zuerst hinschauen soll. Sie dreht sich um ihre eigene Achse, schaut nach oben, unten, hinten und vorn, reckt die Arme nach oben, schlägt die Hände zusammen und kommt aus dem „Aaah!“ und „Oooh!“ überhaupt nicht mehr heraus.

Merkmale von Begeisterung

Begeisterung ist unsere höchste emotionale Stufe. Im Zustand der Begeisterung möchte man am liebsten platzen und aus der Haut fahren. Diese Gemütswallung ist so stark, dass der Körper zu klein scheint für die Kräfte, die da frei werden wollen. Typischer Ausdruck dieser Emotion ist der Jubel. Man springt und tanzt hoch aufgerichtet mit ausgebreiteten Armen um die eigene Achse und möchte die ganze Welt umarmen. Weil aber die ganze Welt ein bisschen zu groß dafür ist, hält man sich als Ersatz an die Menschen in der Umgebung, und wer in greifbarer Nähe steht, wird umschlungen und abgeknutscht.

Bei Karnevalsumzügen und Fußballspielen lässt sich das wunderbar beobachten. Die Menschen springen auf, reißen die Arme hoch, möchten am liebsten abheben, jubeln aus voller Kehle und verteilen Wolken von Konfetti und Bonbons in alle Richtungen. Im Zustand der Begeisterung werden ohne die geringste Zurückhaltung alle Kräfte in jede Richtung mobilisiert. So ergeht es Frau Friedrich, als sie auf Bali ankommt.

Typischer Grundgedanke: „Ich möchte die ganze Welt umarmen!"

Ein Hinweis zu *„Typischer Grundgedanke"*: Damit ist nicht etwa gemeint, dass sich der Betreffende Emotionsträger, hier Frau Friedrich, bewusst etwas dächte oder vornähme. Vielmehr ist die einer Emotion zugrunde liegende Absicht unbewusst und unreflektiert. Nichtsdestoweniger schafft sie die Basis für die charakteristische Konfiguration der Aufmerksamkeitsflocken der jeweiligen Emotion, hier zum Beispiel die kraftvolle Streuung nach allen Seiten hin. Würde man dieser aus dem Hintergrund wirkenden Absicht Worte verleihen wollen, dann vielleicht mit Worten wie: „Ich möchte die ganze Welt umarmen!" Andere Formulierungen sind selbstverständlich denkbar. Entsprechend verhält es sich mit den weiterhin folgenden Emotionsstufen.

Erscheinungsbild: Man steht aufrecht, die Arme nach oben ausgebreitet; man dreht sich nach allen Seiten. Der Kopf liegt im Nacken, der Mund steht weit offen, um das Ah und Oh auszustoßen.

Atmung und Stimme: Seinen Atem stößt man kraftvoll in langen, fließenden Schüben aus. Die dabei hervorquellenden Laute reimen sich auf O und A, also: Ja! Hurra! Boaaa! und so fort.

Wahrnehmungsraum: Jubel ist eine Streuung. Aufmerksamkeit sprudelt ungehemmt hervor und versprüht sich in alle Richtungen, ähnlich dem Springbrunnen im Stadtpark oder den sprühend zerberstenden Farbkugeln eines

Feuerwerks. Mit diesem kraftvollen Ausströmen von Aufmerksamkeit nimmt man einen riesigen Raum ein. An sich selbst denkt man dabei überhaupt nicht. Man geht vollständig in der äußeren Welt auf, möchte das ganze Stadion, die ganze Konzerthalle mit seinem Jubel füllen.

In der Zukunft sieht man nichts als Glück. Alles ist gut und wird immer gut bleiben. Die Zukunft ist riesig.

Vitalkraft: Sie ist in höchstem Maß aktiviert und strömt unerschöpflich durch alle Gliedmaßen in die Welt hinaus; man hat Bärenkräfte und kennt weder Hunger, Durst noch Müdigkeit. Die unteren drei Chakren pulsieren und pumpen alle Kräfte in größter Stärke durchs System. Feuerflammen schießen durch die Glieder. Vom vierten Chakra (Herz) pulsieren emotionale Wallungen in die Umgebung. Steht der Begeistere auf der Rednertribüne, so spricht er, verstärkt vom fünften Chakra (Kehle), mit Engelszungen oder Donnerstimme den Menschen direkt ins Herz. Er schaut die Zukunft, verkündet sie visionär (6. Chakra, Stirn) und fühlt sich in Kontakt mit überirdischen Mächten und unerschöpflichen Kräften (7. Chakra).

FREUDE

Die Story

Während Frau Friedrich noch aus voller Kehle jubelt, steigt ein dienstbarer Geist die drei Stufen zur Veranda herauf. Es handelt sich um Dewa Adibrata, 22 Jahre alt, gebürtiger Balinese, Hindu und Zimmerkellner. Er möchte Frau Friedrich zur Begrüßung ein Glas Mangosaft reichen: „Drink, madam?"

Frau Friedrich ist viel zu sehr damit beschäftigt, in die Höhe und die Ferne zu blicken, als dass sie den schmächtigen jungen Mann, der da im Türrahmen steht, in ihren Wahrnehmungsraum einbeziehen könnte. So viele neue Eindrücke von überall her! Sie auf Bali!!!

Dewa ist landestypisch höflich und zurückhaltend. Er spricht zu leise, um den Begeisterungsrausch der Frau Friedrich zu durchdringen, die - sich nach wie vor im Kreis drehend - weiterhin Ausblick, Wetter und Weite bejubelt. Für das Nächstliegende hat sie keinen Blick. Dewa dackelt ihren tänzerischen Schritten hinterher und schafft es nicht, vor ihr zu stehen zu kommen; immer wieder dreht sie sich in eine andere Richtung. Endlich gelingt es Dewa, sich direkt vor Frau Friedrich aufzubauen, und er erhebt seine Stimme für balinesische Verhältnisse zu nahezu unhöflicher Lautstärke: „Drink, madam?"

Da endlich fällt Frau Friedrichs Blick auf den dienstbaren Dewa. Oooh! - eine weitere Überraschung in dieser wundervollen Umgebung! Sie tänzelt um ihn herum und bestaunt ihn von allen Seiten. Was für ein nettes Dienstpersonal die hier haben! Und wie geschmackvoll der gekleidet ist. Dieses gemusterte Bettlaken um seine Hüften (sie meint den Sarong) und dieses bunte Käppchen dazu, wie aus einem Taschentuch geknotet, sehr apart. Außerdem, so ein gut aussehender Bursche! Und so schön braun!

Dewa bleibt unbeweglich und freundlich lächelnd stehen, während ihn Frau Friedrich vor Entzücken umtänzelt und beäugt. Demonstrativ gießt er das Glas auf seinem Tablett zur Hälfte voll: „Drink, madam?"

Merkmale von Freude

Frau Friedrichs Aufmerksamkeit ging auf Dewa. Ihre Jubelwolke verkleinerte sich, indem sie sie auf den jungen Zimmerkellner beschränkte und ihn mit einer Wolke von Aufmerksamkeitskonfetti oder Aufmerksamkeitsflocken umhüllte und umstrudelte. Damit engte sich ihr Wahrnehmungsraum ein, ihre Jubelstimmung blieb indessen ungetrübt.

Typischer Grundgedanke: „Ich hab dich gern, grad wie du bist!"

Erscheinungsbild: Freude ist eine Strömung. Man lässt den anderen sein, wie er ist. Man gibt dem Objekt seiner Aufmerksamkeit uneingeschränkte Wertschätzung. Man liebt es haargenau so, wie es da steht. Ob das nun ein alter Bekannter ist, eine Skulptur, ein Gemälde, ein schönes Haus oder ein Geburtstagsgeschenk: So wie es ist, ist es bestens. Man schaut es von allen Seiten an und möchte kein bisschen daran ändern.

Weiter oben haben wir das Objekt der Aufmerksamkeit als „Bezugspunkt" bezeichnet, ob Person, Tier, Pflanze, Gegenstand oder Ort. Dass er wichtig ist, macht ihn zum Bezugspunkt. Im Zustand der Freude steht man staunend, bewundernd und völlig kritiklos vor diesem Bezugspunkt. Man ist hingerissen. Etwas so Tolles hätte man nie erwartet. Man wandert um den Bezugspunkt herum, z. B. um eine Statue oder ein Gebäude, um ihn von allen Seiten gründlich zu bewundern und zu würdigen. Ein Geschenk würde man in den Händen hin und her drehen, bis man es von allen Seiten sattsam angesehen hat.

Atmung und Stimme: Der Atem fließt ähnlich kraftvoll hervor wie in der Begeisterung, wenn auch etwas schwächer. Auch hier liegt die Betonung auf der Ausatmung. Ah! und Oh! sind die vorherrschenden Laute. Wie von selbst brechen sie aus einem hervor. Die Lautstärke ist geringer als beim Jubel.

Wahrnehmungsraum: Um das Bild der Aufmerksamkeitsflocken weiter auszubauen: sie umstrudeln den Bezugspunkt. Im Zustand der Begeisterung wollte man noch die ganze Welt umarmen, nun aber ist der Wahrnehmungsraum etwas geschrumpft; man beschränkt sich darauf, einen bestimmten, ausgewählten Bezugspunkt zu umarmen – sei es rein mit der Aufmerksamkeit (bei Statuen und Gebäuden) oder buchstäblich (bei Personen und Plüschtieren).

Die Zukunft erscheint einem grenzenlos und erstrebenswert.

Der Bezugspunkt seinerseits genießt die Freude, die man ihm entgegenbringt, man denke an ein kleines Mädchen im neuen Kleid, das sich vor den entzückten Erwachsenen dreht und wendet. Das Mädchen genießt die Freude, die es auslöst. Es badet in der Aufmerksamkeit wie in einem Sprudelbecken. (Unser Dewa ist da anders. Er gibt sich reserviert, denn Europäer sind für ihn zutiefst befremdlich.)

Vitalkraft: Vor Freude klatscht man bekanntlich in die Hände, verschränkt sie vor dem Herzchakra oder schlägt sich auf die Schenkel. Das dient der Energieableitung; die Handchakren in den Handflächen dienen sozusagen als Auslassventil. Im Jubel strömte die Kraft aus Fuß- und Fingerspitzen in die ganze Welt hinaus, in der Freude hingegen ereignet sie sich im Innenraum. Der Energieraum hat sich verkleinert und lädt sich daher umso mächtiger auf; daher die Notwendigkeit der Ableitung über die Hände.

INTERESSE

Die Story

Dewa bleibt reserviert; von Frau Friedrichs freudigem Staunen fühlt er sich keineswegs geschmeichelt. Erstens sind ihm als Balinesen ungefiltert herausplatzende Emotionen befremdlich, zweitens kann er ihr Entzücken angesichts seiner für ihn alltäglichen Kleidung nicht nachvollziehen. Vor allem ist er seinem Ziel, Frau Friedrich mit einem Glas Mangosaft zu beglücken, noch keinen Schritt näher gekommen. Zwar gelang es ihm, ihre Aufmerksamkeit auf sich zu lenken, doch ist diese neue Touristin viel zu sehr damit beschäftigt, ihn als willkommene Urlaubsattraktion von allen Seiten zu bewundern, als dass sie bemerkt hätte, dass er dienstlich unterwegs ist. Deshalb hebt Dewa das Tablett mit Glas und Karaffe etwas höher, um es ins Gesichtsfeld von Frau Friedrich zu bringen, und wiederholt höflich: „Drink, madam?"

Damit kommt er seinem Ziel ein Stück näher. Frau Friedrich begreift, um was es Dewa geht. Sie nimmt das Glas vom Tablett: „Ja, was haben wir denn da?“ Sie schnuppert an dem Getränk und verkündet kenntnisreich: „Ah, Mangosaft!“

Merkmale von Interesse

Frau Friedrich zeigt nun Interesse. Es mag verwundern, wenn Interesse hier als Emotion betrachtet wird, doch auch hier strömt etwas aus - wie bei allen anderen Emotionen auch. Besonders spürbar ist dies beim liebenden Interesse, bei Mitleid und Mitgefühl, bei Empathie also.

Viele sind der Meinung, Interesse sei rein rational. Doch ist dem keineswegs immer so. Fetischisten und Sammler zum Beispiel haben stärkstes Interesse an den Objekten ihrer Faszination, ebenso der Hobby-Astronom, der für Teleskope einen Haufen Geld ausgibt, bloß um ein paar Sterne optisch näher an sich heranzuholen. Den Astronomen würde man ohne weiteres rational nennen, den Fetischisten indessen irrational, doch unabhängig von dieser Wertung ist der Wahrnehmungsraum bei beiden ähnlich beschaffen: das konzentrierte Ausströmen von Aufmerksamkeitsflocken zu einem Bezugspunkt hin oder auch nur zu einem Teil des Bezugspunktes, verbunden mit dem Wunsch, das Betrachtete möglichst eng zu sich heran zu ziehen, um es im größtmöglichen Detail zu studieren. Beides sind wesentliche Merkmale von Interesse. Interesse ist damit eine Gemütsbewegung, die geistig wie auch körperlich zur Umarmung führt.

Typischer Grundgedanke: „Jetzt will ich es aber genau wissen!“ Ebenso: „Ich möchte wissen, wie du bist, wie es dir geht!“

Erscheinungsbild: Man greift nach dem Bezugspunkt und zieht ihn nahe zu sich heran, sei es mit den Händen oder den entsprechenden Instrumenten wie Mikroskop, Teleskop, Stethoskop, Vergrößerungsglas, Zielfernrohr, mechanische oder elektronische Hörverstärker, Angelrute, Fangnetz oder injiziertem Chip für die Verfolgung per GPS. Wer solche Mittel einsetzt, zeigt Interesse.

Atmung und Stimme: Das Einatmen ist betont; man atmet mehr ein als aus. Beim Schnüffeln zieht man den Atem stoßweise durch die Nase ein; beim gespannten Hinschauen atmet man leicht zischend und in die Länge gezogen durch den Mund ein und stößt den Atem mit nur leicht geöffneten oder sogar geschlossenen Lippen wieder aus, wobei man Töne hervorbringt wie: „So, so!", „Aha!", „Hm-hmm?" oder „Jaa?" Vor lauter Konzentration vergisst man gelegentlich das Ausatmen.

Wahrnehmungsraum: Interesse ist eine Strömung. Die Aufmerksamkeit ist mit engem Fokus gezielt auf einen bestimmten Punkt gerichtet. Ähnlich einer Radar-Antenne strömt sie hin, tastet ab und trägt Wahrnehmungsinhalte zurück zu ihrem Sender. Die Inhalte werden ausgewertet und der Prozess läuft weiter, bis es zu einer abschließenden Erkenntnis gekommen ist. Ein kreisförmiges Ausströmen und Einströmen ist das, man denkt an nichts anderes. Erst mit der abschließenden Erkenntnis erledigt sich das Interesse, erst mit einem: „Aha, jetzt weiß ich Bescheid." Anschließend ist der Wahrnehmungsraum für den betreffenden Bezugspunkt regelrecht abgeschaltet.

Indem definitiv ein Zielpunkt gesetzt wird, verengt sich naturgemäß der Wahrnehmungsraum. Vom Bezugspunkt als Ganzem konzentriert sich die Aufmerksamkeit nun auf Details am Bezugspunkt. Ein Chirurg beispielsweise, der beim Vorgespräch noch den Menschen als ganzen im Blick hat, verlegt sein Augenmerk während der Operation auf das sehr eng umrissene Operationsfeld. Bei Frau Friedrich reduzierte sich der Wahrnehmungsraum von ganz Bali zunächst auf den netten jungen Mann und schließlich nur noch auf das Tablett mit dem Glas Saft.

Auf die Zukunft bezogen, bedeutet Interesse: Man will es wissen, kann es kaum erwarten. Auch die Zukunft würde man am liebsten zu sich heranziehen, um die Wartezeit zu verkürzen.

Vitalkraft: Das oben beschriebene kreisförmige Ausströmen und Einströmen mentaler Aufmerksamkeit findet seine Parallele in der Vitalkraft. Sie strömt auf der Innenseite der nach vorne geöffneten, empfangsbereiten Arme vorwärts bzw. auswärts. Verstärkt durch das Herzchakra und die Handchakren bildet sich auf diese Weise ein geschlossenes Energiefeld, in welches einzutreten man den Bezugspunkt einlädt – oder ihn, im Falle der Übergriffigkeit, gegen seinen Willen hereinsaugt.

WOHLWOLLEN, ZUFRIEDENHEIT

Die Story

Zwar hat Frau Friedrich Dewas Angebot nun zur Kenntnis genommen, doch seinen Auftrag hat der junge Mann damit noch immer nicht erfüllt. Er kann nicht ahnen, dass Frau Friedrich Mangosaft nicht besonders mag. Und wenn überhaupt, dann nur hygienisch verpackt in Pappkartons oder Flaschen, wie sie es von daheim aus ihrem Supermarkt kennt. Aber frischer Mangosaft in einem fremden Land? Wer weiß!

Frau Friedrich sagt nun nicht klar und deutlich Nein, weil sie den jungen Mann nicht vor den Kopf stoßen will. Sie ihrerseits ahnt nicht, dass Dewa ausschließlich ihretwegen mit dem Mangosaft unterwegs ist. Sie nimmt an, er mache routinemäßig seine Runde und sei auf seinem Weg auch bei ihr vorbeigekommen. Offensichtlich ist der Hotelservice um das Wohl der Gäste besorgt und das Personal kümmert sich um einen. Dies würdigend, sagt sie freundlich zu Dewa: „Gehen Sie doch ruhig mal weiter herum, junger Mann, und bieten Sie den anderen Gästen Ihren Mangosaft an, die freuen sich bestimmt."

Merkmale von Wohlwollen und Zufriedenheit

Die Aufmerksamkeit geht anerkennend, wohlwollend und würdigend in die Breite, sie verstreut sich rundum.

Typischer Grundgedanke: „Ist in Ordnung, wie es ist. Kann gerne so bleiben!"

Erscheinungsbild: Man lässt die Dinge sein, wie sie sind, ohne sich besonders zu engagieren. Man hat sein Interesse befriedigt, seine Schlüsse gezogen und findet insgesamt ganz in Ordnung, „wie das hier so läuft". Man hat das Gefühl, man kennt sich aus, blickt durch, ist zufrieden. Beim Wohlwollen verhält es sich damit ähnlich wie bei der Begeisterung, insofern die Aufmerksamkeit in alle Richtungen gleichzeitig verströmt, nur ist die Intensität geringer. In der Begeisterung fühlt man sich hingerissen, beim Wohlwollen hingegen bedächtig, quasi zurückgelehnt.

Die Körperhaltung ist ruhig und entspannt; die Hände sind vor dem Schoß oder hinter dem Rücken gefaltet oder stecken in den Hosentaschen. Gemächliches Umherschauen, behäbiges Herumspazieren, bedächtiges Nicken, leichtes Lächeln, keine auffällige Gesichtsbewegung.

Atmung und Stimme: Der Atem fließt ruhig, die Stimme ist eher gedämpft. Sie klingt ein bisschen wie das müßige Muhen weidender Kühe: „Joo", „hmm", „schöön", „feiin", „guut, guut". Oder als zufriedener Seufzer: „haaaaach!"

Wahrnehmungsraum: Wohlwollen ist ein Streuung. Die Aufmerksamkeit bestreicht nicht nur den Bezugspunkt, sondern die Umgebung in ihrer Gesamtheit, beides um einiges abgeschwächter als in der Freude. Alles rundherum hat gleichermaßen seine gute Ordnung, seine Berechtigung. Ein Fokus wie bei Interesse ist nicht gegeben, vielmehr streut die Aufmerksamkeit in alle Richtungen, wobei sie ähnlich wie bei der Freude mal den einen, mal den anderen Bezugspunkt umstrudelt. Sie verströmt jedoch vergleichsweise gemächlich, sie sprüht nicht. Der Wahrnehmungsraum hat sich im Vergleich zum Interesse erweitert, die Intensität jedoch merklich verringert. Man zieht Bezugspunkt und Umgebung akzeptierend in Betracht, das schon, doch Neues möchte man nicht erkunden. Mit dem, was man vorfindet oder geleistet hat, ist man zufrieden.

Um die Zukunft macht man sich keine Sorgen. Die kommt ganz von selbst, wenn es soweit ist. Und es wird ewig genauso gemütlich weitergehen wie eben gerade.

Vitalkraft: Durch alle Kanäle ruhig strömend. So angenehm und gemütlich, es könnte glatt zum Dauerzustand werden.

DESINTERESSE

Die Story

Dewa gewinnt den Eindruck, dass hier ein Missverständnis vorliegen muss. Die Hotelleitung hat deutlich gemacht, dass Europäer ausnahmslos begeistert sind, wenn sie mit frischem Saft, insbesondere Mangosaft, begrüßt werden, und seine Erfahrung hat ihm das immer wieder bestätigt. Vielleicht, denkt er, braucht die fremde Dame einfach ein wenig Ermutigung? Was sie da gerade alles auf Deutsch gesagt hat, hat er nicht verstanden; es klang aber nicht unfreundlich. Deshalb versucht Dewa es nach kurzem Zögern noch einmal mit leichtem Nachdruck: „Drink, madam?"

Die Auseinandersetzung mit dem Zimmerkellner hat Frau Friedrich aus ihrer trunkenen Jubelstimmung herausgerissen. Ihre Laune ist nun eher sachlich. Ihr Blick fällt auf das Reisegepäck und gerade, als sie beschließt, ihre Sachen in den Schrank zu räumen, kommt erneut die Aufforderung: „Drink, madam?"

Frau Friedrich wird nun etwas ungeduldig. Weder mit diesem jungen Mann noch mit seinem Mangosaft möchte sie noch länger zu tun haben. Nicht unfreundlich, jedoch kurz und bündig sagt sie: „Vielen Dank, ich bin jetzt grad mit was anderem beschäftigt. Vielleicht später."

Merkmale von Desinteresse

An Dewas Anliegen hat Frau Friedrich keinerlei Interesse. Etwas Anderes ist ihr viel wichtiger, nämlich ihr Gepäck. Das tut sie mit unmissverständlichen Worten kund. Damit ist die Sache für sie beendet.

Typischer Grundgedanke: „Mir ist gerade etwas anderes wichtiger."

Erscheinungsbild: Alles wirkt störend, was sich in den gewählten Wahrnehmungsraum hineindrängt. Man hat absolut nichts gegen den Störenden; er darf sein und bleiben, wie er ist, nur möchte man im Augenblick nichts mit ihm zu tun haben. Taucht ein Störer auf, so wendet man sich ihm nicht voll zu, sondern spricht über die Schulter hinweg mit ihm, wenn es denn unbedingt sein muss. Mit Gesicht und Händen ist man dem gewählten und so viel interessanteren Bezugspunkt zugewandt.

Atmung und Stimme: Der Atem fließt ruhig. Die Stimme klingt nachdrücklich, aber nicht laut. Man ist nicht erregt - es sei denn, es wäre etwas mit dem fokussierten Bezugspunkt, das einen so packt, dass sich diese Stimmung auf die Art und Weise überträgt, wie man den Störenden anspricht.

Wahrnehmungsraum: Desinteresse ist eine Strömung. Hier gibt es zwei Möglichkeiten. Entweder der Wahrnehmungsraum hat sich von A nach B verschoben, weil A abgehakt ist und die Aufmerksamkeit nun nach B strömt. Oder sie will bei dem vormals bereits gewählten Bezugspunkt bleiben sich nicht stören lassen. So oder so hat man einen Wahrnehmungsraum eröffnet, in dem kein anderer Bezugspunkt als der gewählte Bedeutung hat. Jeden anderen sucht man aus dem gewählten Wahrnehmungsraum herauszuhalten. Nicht indem man gegen ihn vorgeht, sondern einfach durch entsprechende Hinweise oder gar Nichtbeachtung (was zur Gekränktheit des weggeschobenen Bezugspunktes führen kann).

Die Zukunft ist auf jeden Fall interessant, aber sie liegt bei dem gewählten Bezugspunkt oder anderen, neuen und noch unbekannten Bezugspunkten; auf keinen Fall aber gehört der Störende in diese Zukunft hinein. An ihm oder ihr besteht kein Interesse.

Vitalkraft: Sie engagiert sich für den gewählten Wahrnehmungsraum nach dem Muster von Interesse, entsprechend stark fließt sie. Für den Störer bleibt nichts übrig.

LANGEWEILE, GENERVTHEIT

Die Story

Frau Friedrichs Rede versteht Dewa nicht. Da muss ein Missverständnis vorliegen, denkt er sich. Wahrscheinlich ist ihm einfach nicht gelungen, ihr klarzumachen, welch wundervollen Saft er anzubieten hat und wie gut ihr der tun wird. Abgesehen davon wäre er der Letzte, die Anweisungen des Hotelmanagements nicht wortwörtlich auszuführen. Grund genug, beharrlich zu bleiben!

Frau Friedrich ihrerseits kennt die örtlichen Sitten und Gebräuche nicht. Sie will niemanden vor den Kopf stoßen, aber dieser Einheimische in seinem Wickelrock, der anscheinend kein Deutsch versteht, geht ihr langsam auf den Geist. Nach dem ewig langen Flug möchte sie einfach nur die Koffer auspacken und ihre Ruhe haben. Was essen wäre auch nicht schlecht. Mal an den Strand gehen, einen kleinen Spaziergang machen. Lauter nette kleine Optionen; könnte man alles mal unternehmen. Sie macht sich an ihrem Reisegepäck zu schaffen, räumt ihre Gepäckstücke in Schrank und Kommode, legt auf dem Bett Kleidung zurecht und trägt ihr Pflegetäschchen ins Duschbad. Die ganze Zeit schaut sie gezielt an Dewa vorbei.

Da denkt sich Dewa, beim Auspacken könne doch kaum etwas erfrischender sein als ein Schluck Mangosaft: „Drink, madam?"

Frau Friedrich stöhnt auf. Kapiert der Typ denn gar nichts? Hat das nie ein Ende mit dieser Nervensäge? Kommt hier vielleicht alle paar Minuten ein Dienstbote mit irgendwas vorbei?

Merkmale von Langeweile und Genervtheit

Um des lieben Friedens willen vermeidet Frau Friedrich eine Konfrontation und sucht sich ins Ignorieren zu retten. Sie ist bemüht, einen Wahrnehmungsraum zu schaffen, in dem kein Dewa vorkommt. Der aber drängt sich immer wieder hinein. Sie sucht nach Auswegen, will ausweichen, neue Bahnen finden, dem Unerwünschten aus dem Wege gehen und das Erwünschte aufsuchen.

Grundsätzlich bedeuten Langeweile und Genervtheit: Was sich einem anbietet, sagt einem nicht zu - aber man kommt nicht drum herum. Zwar hat man grundsätzlich nichts dagegen einzuwenden, so schlimm ist es auch wieder nicht, aber sich weiter mit dem Bezugspunkt oder Thema zu beschäftigen, macht keinen Spaß. Die Zeit wird einem lang, sie vergeht nur schleppend - daher der Ausdruck Langeweile. Man wartet eine Weile und noch eine Weile und nichts ändert sich. Alternativen sind nicht zu sehen. Und selbst wenn, sind auch sie nicht attraktiv. Alles, alles, alles ist einem uninteressant und farblos geworden. Man sucht dort und dort und dort nach etwas Spannendem, Unterhaltsamen – und findet nichts. Alles abgegrast. Nicht mehr auszuhalten. Es ödet einen an.

Typischer Grundgedanke: „Wo kann ich sonst noch hin, wo wird was Besseres geboten?"

Erscheinungsbild: Man wendet sich hin und her, geht von einer Möglichkeit zur nächsten, doch nichts kann einen zufriedenstellen, nichts erweckt Interesse. Entsprechend ist der Gesichtsausdruck. Die Mundwinkel hängen herunter, die Augen haben keinen Glanz, der Gang ist schlaff, die Schultern hängen. Trägheit übermannt einen, man kommt nicht in die Gänge. Nichts macht einem Laune. Und so wirkt man auch.

Atmung und Stimme: Das Ausatmen überwiegt. Weil die Kehle leicht verpresst ist, kommt ein Ächzen, Stöhnen und Seufzen aus ihr heraus.

Wahrnehmungsraum: Langeweile ist eine Streuung. Die Aufmerksamkeit streut in alle Richtungen, jedoch nicht kraftvoll brausend wie beim Jubel oder bedächtig wie beim Wohlwollen. Auf dieser Stufe tröpfelt sie bloß: mal hierhin, mal dorthin; nirgends bleibt sie hängen. Der Wahrnehmungsraum ist an sich recht groß, denn man versucht ja, alle Möglichkeiten zur Abhilfe dieser leidvollen Langeweile einzubeziehen. Doch nichts ist in Sicht. Was man ersehnt, liegt außerhalb des Wahrnehmungsraumes. Doch wo nur? Wo ist das Tolle, Neue, Aufregende bloß zu finden?

Mit der Zukunft beschäftigt man sich, insofern man sich etwas Besseres wünscht, als was die Gegenwart bietet. Man hegt keinen Zweifel daran, dass sich früher oder später eine attraktive Alternative auftun wird. Man muss halt abwarten, auch wenn es nervt; was bleibt einem anderes übrig.

Bis hierher, bis zur Langeweile, ist eine positive Zukunftsausrichtung typisch. Sie begann beim Jubel mit einer endlos glücklichen Zukunft, setzte sich als zunehmend gemäßigte Zukunftsfreudigkeit fort und zeigt sich auch jetzt noch, bei der Langeweile, als positive Zukunftserwartung. Das wird sich auf den darunter liegenden Emotionen ändern; da sieht die Zukunft zunehmend düster aus.

Vitalkraft: Ein nur schwaches Fließen – in den üblichen Meridianen, das wohl, und deshalb besteht keine Gefahr für Leben und Gesundheit, aber es fließt eben nur schwächelnd. Entsprechend schwer und kraftlos fühlt man sich.

TROTZ, WIDERSPENSTIGKEIT

Die Story

Frau Friedrich erkennt, dass hier mit Höflichkeit nichts auszurichten ist. Damit würde sie diesen Quälgeist mit seinem Mangosaft nie los, das ist ihr langsam klar. Sie sieht ihre Rettung nur noch in der direkten Konfrontation. Anders weiß sie sich keinen Rat. Sie fühlt sich gezwungen, zwischen sich und dem beharrlichen Zimmerkellner eine Grenze zu ziehen, ein klares Signal zu setzen: Bis hierhin und nicht weiter. Also macht sie eine Kehrtwendung, baut sich vor Dewa wie eine Festung auf, schiebt die geöffnete Handfläche abwehrend zu ihm hin und sagt laut und deutlich: „Nein. Nix Mangosaft. Du verstehen? No drink!"

Dewa erstarrt, steht wie angewurzelt ihr gegenüber und macht große Augen. Sonst zeigt er keine Reaktion. Sie auch nicht. Ein Stopp.

Merkmale von Trotz

Frau Friedrich zeigte nun klaren Widerstand und wird trotzig. Diese Haltung als Trotz zu bezeichnen, mag ungewöhnlich klingen. Bei Trotz denken wir als erstes an rotznasige Gören, die motzig mit dem Fuß aufstampfen oder sich kreischend auf dem Fußboden des Supermarkts wälzen, weil ihnen Mama kein Eis kauft. Zur Beschreibung Erwachsener oder gar seriöser Geschäftsleute scheint Trotz eher fehl am Platz, könnte man meinen. Sollte man nicht eher von Ablehnung oder Aggression sprechen?

In der Regel wird das auch getan. Doch damit würde man die eigentliche Emotion nicht beim Namen nennen. Denn die Begriffe Ablehnung und Aggressivität beschreiben nicht die Emotion selbst, sondern lediglich ein Tun. Was „Ablehnen" bedeutet, weiß jeder, und „Aggressivität", vom Lateinischen abgeleitet, bedeutet nichts anderes als „nach vorne Schreiten". Ablehnen und Nach-vorne-Schreiten ereignen sich indessen bei einer ganzen Reihe unterschiedlicher Emotionen, wie wir im weiteren Verlauf sehen werden.

Für diesen besonderen Moment der Konfrontation zwischen Frau Friedrich und Dewa trifft das alte Wort „Trotz" tatsächlich besser zu als jedes andere, sofern man es in seiner ganzen Bedeutungsbreite versteht und nicht nur auf motzige Gören anwendet. So etwa wurden im Mittelalter Trutzburgen gebaut, dem Feind zu trotzen; die Hafenmauer trotzt den Meereswogen; trotz des Regens fährt man Fahrrad. „Trotzdem" bedeutet: „im direkten Gegensatz zur vorherigen Rede, den Umständen, den Regeln".

Wer trotzt, beharrt auf seinem Standpunkt. Er hat eine Position, eine Meinung, eine Absicht, und die verteidigt er. Er kennt seinen Wert, ist stolz darauf und verfügt über Widerspruchsgeist. Er ist widerspenstig - eben trotzig. Häufig wirft man ihm vor, er sei irrational, uneinsichtig, engstirnig, unzugänglich und dickköpfig, doch täte man ihm damit Unrecht. Ein „guter" Trotziger nämlich würde einsehbare, vernünftige Gründe für seine unverrückbare Sichtweise aufzählen - wäre aber jederzeit zur Änderung seines Standpunktes zu bewegen, sofern die Gegenseite entsprechend überzeugende Argumente vorbringt. Beruhte sein Trotz jedoch nur auf Rechthaberei, dann wäre das in der Tat irrational zu nennen. Wer jeder Vernunft unzugänglich ist, der ist nicht einfach trotzig, sondern stur.

Trotz markiert den ersten Wendepunkt in der Stufenleiter der Emotionen. Bis zur Langeweile konnten wir noch von positiven Emotionen sprechen, denn ungeachtet ihrer problematischen Seite verlief die Beziehung zwischen Frau Friedrich und Dewa als erträgliches Mit- und Nebeneinander. Jetzt aber, mit Frau Friedrichs Konfrontationskurs, ist sie gekippt und zum Gegeneinander geworden.

Damit entwickelt sich etwas Neues. Wir betreten hier den Bereich der negativen Emotionen. Vom Jubel bis zur Langeweile sind wir sozusagen Stufe um Stufe vom Penthouse zum Erdgeschoss herabgestiegen, doch ab hier, mit dem Trotz, beginnt die Kellertreppe. Sie führt viele Stockwerke weiter nach unten als vom Erdgeschoss aus nach oben. Die Lichtverhältnisse werden schlechter, die Lampen trübe, man muss sich vorsehen.

Typischer Grundgedanke: „Halt! Bis hierhin und nicht weiter! Hier bin ich, da drüben bist du."

Erscheinungsbild: Man kennt seine Position, hat sie gut durchdacht und hegt keinerlei Zweifel an ihr. Man zeigt unmissverständlich Stärke und Präsenz, doch ohne jegliche Aggressivität, denn man schreitet nicht nach vorne, sondern steht felsenfest und hält seinen Standpunkt. Breitbeinig, fest verankert, hoch aufgerichtet ist man dem Gegenüber zugewandt, Auge in Auge. Vielleicht hat man die Fäuste in die Hüften gestemmt, die Arme vor der Brust gekreuzt oder die Handflächen gegen das Gegenüber gerichtet. Man demonstriert Kraft und Furchtlosigkeit. Angewandt auf Politik und Militär entspräche dies dem bewaffneten Wachposten an der Landesgrenze oder der diplomatischen Protestnote.

Atmung und Stimme: Die Atmung ist kraftvoll und tief. Die Ausatmung herrscht vor, denn die Stimme ist klar und erhoben. Die Lieblingswörter in dieser Emotionslage sind „Nein!", „Halt!" und „Stopp!".

Wahrnehmungsraum: Trotz ist ein Stau. Die Aufmerksamkeit verengt sich und richtet sich ausschließlich auf den Gegner. Der Wahrnehmungsraum ist tunnelförmig. Man sieht das Gegenüber nicht mehr als ein Wesen, sondern als Gegner. Konzentriert achtet man auf dessen Bewegungen, Gegenkräfte und Manöver. Die Beziehung ist reduziert auf Gewinnen oder Verlieren. Die Mentalkraft fließt nicht mehr, sondern staut sich. Die Aufmerksamkeitsflocken verdichten sich zu einer mentalenergetischen Schneewehe. Vielleicht errichtet man eine echte Mauer aus Ziegelsteinen, zieht eine Grenze samt Stacheldrahtzaun, wirft einen Wall auf. Kraft richtet sich gegen Kraft, es geht weder vor noch zurück. Ein Stau bildet sich, eine Verdichtung, eine Kompression von Energie. Beide Seiten arbeiten hart - doch nichts bewegt sich. Konflikt bedeutet Stillstand.

Die Zukunft ist nicht mehr positiv definiert wie zuvor, sondern negativ. Vorher wusste man, was man will, jetzt aber ist man auf das konzentriert, was man nicht will. Vorher hieß es: für ihn wie auch für mich, für uns beide (win-win, wie es in der Manager-Sprache heißt). Jetzt aber heißt es: für mich und gegen ihn (win-lose).

Vitalkraft: Indem man die Hände vor der Brust faltet, kreuzen sich die Energiebahnen in den Armen. Das Herzchakra wird blockiert, die Kraftchakren (Nr. 2 und 3) frei. So entsteht in direkter Parallele zum mauernden Einsatz von Mentalkraft eine vitalenergetische Sperre. Stützt man die Hände in die Hüften, so bauen sich um das 3. Chakra herum zwischen Arminnenseite, Handchakren und Flanken vitalenergetische Kreisströme auf, die verankernd und stabilisierend wirken. Man bläht sich regelrecht auf. Ähnliches geschieht, wenn man die Handflächen mit ablehnender Geste zum Gegenüber hin schiebt; so zieht man mit Hilfe der Handchakren eine Grenze.

EMPÖRUNG

Die Story

Frau Friedrich spricht kein Englisch, was hier nicht weiter schlimm ist, denn Dewa spricht auch keins, abgesehen von „drink, madam?" und zwei, drei weiteren Wörtern, um Bestellungen aufzunehmen. No drink aber, das hat er verstanden, das kam an. So was! Das ist ihm noch nie passiert. Das ist gegen alle Erfahrungen des Hotelmanagements und auch gegen jegliche balinesische Etikette. Man sagt nicht einfach nein, das gibt's nicht. Zudem ist die Dame plötzlich schlecht gelaunt, wer weiß warum. Da hilft nichts besser als ein guter Schluck Mangosaft, das weiß man doch. Das Hotelmanagement würde ihn dafür loben. Daher: „Drink, madam?"

Frau Friedrich ist fassungslos. Sie plustert sich auf, schnappt nach Luft, macht kurze Trippelschritte vor und zurück, ist aufgescheucht wie ein kompletter Hühnerhof, weiß sich kaum zu fassen. Dieser aufdringliche Bursche! Kein Respekt, egal, was sie macht! Gibt's denn so was!

Sie schnappt nach Luft und gerät ins Stottern: „Ja, gibt's denn das! Hört einem denn hier keiner zu? Jetzt hören Sie mal, junger Mann, was erlauben Sie sich eigentlich? Also - also - also ich muss doch sehr bitten!"

Merkmale von Empörung

Als ihr Nein nicht respektiert wird, verliert Frau Friedrich erstmalig in dieser Beziehung die Fassung. Ihr Trotz gerät ins Wanken. Sie wird unsicher, ihre Ablehnung schwächer.

Typischer Grundgedanke: „Dem sag ich jetzt mal Bescheid!"

Erscheinungsbild: Man kann nicht glauben, dass das Gegenüber einen nicht ernst nimmt, sondern sich vielmehr frech und unverschämt über deutlich markierte Grenzen hinwegsetzt. Dagegen möchte man sich zwar zur Wehr setzen, fühlt sich aber vor lauter Verblüffung hilflos. Strömungstechnisch gesehen entlädt sich schubweise der im Trotz gebildete Stau und wird zu einem Hin- und Herschwappen. Man geht vorwärts (erstmalig eine echte Aggression), traut sich nicht, geht wieder rückwärts, trippelt also auf der Stelle vor und zurück. Die Augen sind auf den Gesprächspartner gerichtet; man runzelt die Stirn, kneift die Augen zusammen; der Mund wird spitz. Die vormals massive Konfliktmauer wird wacklig. Die Hände sind in Bauchhöhe entweder geballt oder aber die Handflächen geöffnet, und mit ihnen macht man - gleichzeitig mit der stimmlichen Entladung - kleine Bewegungen nach oben, als wollte man was hoch werfen.

Atmung und Stimme: Vor lauter Verblüffung fehlen einem buchstäblich die Worte. Man atmet mehr ein als aus, und zwar ruckartig, dabei kommt es zu dem typischen Zungenschnalzen: ts-ts-ts. Man stottert. Die Sprache ist abgehackt, etwa: „Also - also - also ...!“; oder: „Also, also nein...!“; oder: „Also, ich muss schon sagen...“ Es klingt, als ließe ein Überdruckventil in kurzen Abständen Dampf ab, damit der Kessel nicht platzt.

Wahrnehmungsraum: Empörung ist ein pulsierender Stau, der sich wiederholt aufbaut und verpufft. Erstmalig sieht man nicht nur sein Gegenüber, sondern auch sich selbst. Man erkennt die eigene Unentschlossenheit. Von drüben kam ein Impuls, mit dem man nie gerechnet hätte; nun fühlt man sich auf sich selbst zurückgeworfen. Es geht hin und her.

Die Zukunftsschau beschränkt sich auf die kurze Zeitspanne vom gegenwärtigen Moment bis dahin, wo der Störenfried hoffentlich entschwunden sein wird.

Vitalkraft: Die Hände oder Fäuste vor dem Bauch und ihre knappen Aufwärtsbewegungen bewirken, dass die Handchakren dem Kraftchakra im Solarplexus zuarbeiten. Man kurbelt sozusagen den Generator an, mobilisiert buchstäblich seine Kräfte.

ZORN

Die Story

Angesichts des unverschämten Auftretens dieses miesen kleinen Kellners sieht Frau Friedrich nur eine Möglichkeit: den Angriff. Auf die weiche Tour reagiert der nicht, stur wie er ist; also bleibt nur der Angriff. Selbst wenn sich das nicht gehört. Egal. Hier muss man Kante zeigen. Sie baut sich vor Dewa auf, leicht vorgebeugt um ihre Augen auf seine Augenhöhe zu bringen (er ist etwas kleiner), die Hände in die Hüften gestemmt, und fixiert ihn.

Davon völlig unbeeindruckt hält ihr Dewa das Tablett mit Glas und Karaffe anbietend vor die Nase. Die Launenhaftigkeit von Touristen kennt er bestens, davon darf man sich nicht beeindrucken lassen. „Drink, madam?“

Über Glas und Karaffe hinweg treffen sich ihre Augen, die seinen voller professionellem Kellnercharme, die ihren ein Wetterleuchten. Frau Friedrich holt tief Luft und spricht mit donnergrollender Langsamkeit, jede Silbe betonend: „No - drink. Ver-stehs-te? No! Drink!!“

Dewa bleibt ungerührt. In unverändert zuvorkommender Haltung bietet er das Getränk an. Sie wird es schon irgendwann annehmen. Auftrag ist Auftrag, und das Hotelmanagement kennt sich schließlich aus. Erneut „Drink, madam?“

„Es reicht!“, knurrt Frau Friedrich mit geballten Fäusten und gerötetem Nacken. Sie wird laut: „Es reicht. Lass mich mit deinem Saft in Frieden. Verschwinde! Sonst! Werd! Ich! Ungemütlich!! Troll dich!!!“

Merkmale von Zorn

Im Trotz kam es zu einem Stau, im Hin und Her der Empörung zu einer Streuung; nun, im Zorn, baut sich erneut ein Stau auf: daran zu erkennen, dass die beiden in ihrer Konfrontation Stirn an Stirn stehen (Konfrontation, abgeleitet vom Lateinischen, bedeutet „mit der Stirn“). In diesem Stau steckt eine explosive Spannung, die nur drauf wartet, sich zu entladen.

Typischer Grundgedanke: „Wenn du das nochmals tust, dann werd ich ungemütlich!“

Erscheinungsbild: Die Fäuste sind vor der Leibesmitte geballt und leicht nach innen gerollt. Gelegentlich schießt der ausgestreckte Zeigefinger entweder fuchtelnd zum Himmel oder zeigt durchbohrend auf das Gegenüber. Der Nacken ist dick und steif, die Stirn nach vorn geschoben, der Blick fixiert das Gegenüber. Typisch für den Zorn ist die Drohung. Man stellt düstere Konsequenzen und Strafen in Aussicht: „... dann kriegst du eine geknallt / hol ich die Polizei / mach ich dich zur Schnecke“, usw. usw. Im militärischen Bereich würde man als Drohgebärde „rein zufällig“ die Truppen an der Landesgrenze ein Manöver durchführen lassen oder ebenso zufällig einen Flugzeugträger an den Rand des gegnerischen Hoheitsgebiets entsenden. Bei Hunden sträuben sich die Nackenhaare, bei Katzen das ganze Fell; Hähne stolzieren aufgeplustert vor dem Konkurrenten auf und ab. Man bläht sich auf, zeigt seine dicken Muskeln. „Noch einen Schritt weiter, mein Lieber, dann wirst du was erleben!“

Atmung und Stimme: Im Zorn kommt die Stimme gedrosselt aus der Kehle, man brüllt nicht (das kommt später), sondern knurrt erst mal.

Wahrnehmungsraum: Zorn ist ein Stau. Die Aufmerksamkeit ist eng auf den Gegner konzentriert. Ähnlich wie beim Abfeuern eines Gewehrs mit Zielfernrohr ist sie auf das Angriffsziel reduziert. Der Wahrnehmungsraum ist nahezu punktförmig. Explosionskraft baut sich auf.

Die Zukunft bleibt negativ definiert. Der Kerl soll einfach nur weg, abhauen, Land gewinnen, Leine ziehen. An mehr denkt man in diesem Moment nicht. Hinterher wird es wieder aufwärts gehen, klar, versteht sich von selbst – aber erst mal soll der weg.

Vitalkraft: Über die leicht eingerollten Fäuste vor dem Leib, die Innenarm- und Flankenströme baut sich zwischen den komprimierten Handchakren und dem Kraftchakra im Solarplexus ein enormes Kraftfeld auf.

WUT

Die Story

Dewa kommt der Aufforderung, sich zu trollen, nicht nach. Unbeeindruckt bietet er seinen Saft an. Frau Friedrich fühlt sich ignoriert, bedrängt, eingeengt, genötigt. Es reicht! Ihr aufgestauter Zorn entlädt sich in einem Wutausbruch: „Lass mich endlich mit deinem blöden Saft in Ruhe!!!"

Über das Tablett hinweg stößt sie dem schmächtigen Dewa mit der flachen Hand vor die Brust. Der torkelt rückwärts zur Tür hinaus auf die Veranda, verfehlt die oberste Stufe des Treppchens und purzelt hinunter. Das Tablett fliegt ihm aus der Hand; der Mangosaft versickert im Sand.

Endlich! Frau Friedrich schnauft erleichtert auf. Der Störenfried ist aus dem Weg. Entspannt wirft sie einen Blick durchs Fenster auf das weite Meer und genießt ihre sauer verdiente Freiheit. Nun kann sie ungehindert ihre Gepäckstücke einräumen, um anschließend Hotel und Umgebung zu erkunden.

Merkmale von Wut

Der im Zorn aufgebaute mächtige Druck zwischen zwei Kontrahenten muss sich entladen. Wohin? Am besten doch zum Gegner hin, damit der vom Spielfeld gepustet wird. Hat man ihn schließlich überwältigt oder er die Flucht ergriffen, so fühlt man sich als Sieger und genießt seinen hart erkämpften Freiraum.

Die Abfolge von Zorn und Wut ähnelt einem Gewitter. Erst die Aufladung, also der Zorn mit blitzenden Augen bei umwölkter Stirn, dann in der Wut die Entladung mit donnernder Stimme. Hunde machen es genauso: erst knurren, dann bellen, dann beißen.

Zorn droht lediglich mit Vernichtung, Wut vernichtet tatsächlich. Nicht umsonst spricht man von Zerstörungswut statt von Zerstörungszorn. Im Zorn droht man und räumt dem Gegner die Chance des Rückzugs ein, in der Wut hingegen will man nur eins: ihn vernichten. Anschließend stolziert der Sieger mit geschwellter Brust einher, zieht hoch zu Ross an der Spitze eines Triumphzugs durch die Lande und genießt die Bewunderung.

Typischer Grundgedanke: „Um mich zu retten, jag ich dich fort, vernichte dich, lösch dich aus!"

Erscheinungsbild: Hier kommt es zur echten, buchstäblichen Aggression, zu einem mächtigen Vorwärtsdringen ohne jede Zurückhaltung. Mit allen Kräften geht es vorwärts, zum Gegner hin, auf ihn drauf, mit Fäusten und Zähnen und allen nur greifbaren Vernichtungsmitteln. Der Stau des Zorns verwandelt sich in das explosive Ausströmen der Wut.

Atmung und Stimme: Der Atem geht schwer und tief, die Ausatmung ist kraftvoll, die Stimme laut; man brüllt aus voller Kehle.

Wahrnehmungsraum: Wut ist eine Strömung. Die Wahrnehmung beschränkt sich auf den Aktionsraum der Auseinandersetzung, d. h. auf die engere Umgebung, und immer behält man den Gegner im Blick. Mit Willens- und Muskelkraft drängt man ihn vom Spielfeld.

Vitalkraft: Von den unteren drei Chakren ausgehend schießen Pranaströme durch alle Kanäle und verleihen den Gliedern ungeheure Schlag- und Stoßkraft.

GRIMM

Die Story

Der Feind scheint aus dem Feld geschlagen - doch nicht für lange. Denn Frau Friedrich hat die Rechnung ohne Dewas Mentalität gemacht. Als Hindu niederster Kaste mit schlechter Behandlung groß geworden, ist er nicht leicht zu beeindrucken. Europäer, die sich daneben benehmen, können ihm da nichts mehr anhaben; er nimmt sie nicht ernst. Das Hotel-Management hingegen, das nimmt er sehr ernst. Er hat den unmissverständlichen Auftrag, jeden ankommenden Gast mit frischem Mangosaft zu begrüßen, und das wird er auch tun, schließlich will er seinen Job nicht verlieren. Deswegen stellt er auch den Saft nicht einfach auf den Tisch, nein, er möchte zusehen, wie er getrunken wird.

Am Fuß des Bungalow-Treppchens hingefallen, rappelt sich Dewa auf, schüttelt den Sand von seinem Sarong, sammelt Tablett, Karaffe und Glas ein und huscht zur Küche. Nach nur wenigen Minuten ist der schmächtige junge Mann im langen Batikhemd mit seinem eingravierten Lächeln wieder die drei Stufen zur Veranda heraufgestiegen, steht mit frischem Mangosaft im Türrahmen und fragt mit einer leichten Verbeugung: „Drink, madam?“

Frau Friedrich, gerade dabei, ihren Kofferinhalt in den Schrank zu sortieren, nimmt Dewa aus den Augenwinkeln wahr und erstarrt mitten in ihrer Bewegung. Fassungslos fixiert sie ihren Blick auf die Eingangstür. Soviel Unverschämtheit darf es einfach nicht geben. Dieser Bursche tut einfach, als gäbe es sie nicht, als wäre sie nicht vorhanden, als hätte sie nichts zu melden. Das kann doch nicht angehen. Was glaubt der eigentlich, wer er ist? Muss ich mir denn alles gefallen lassen?

Diese innere Auseinandersetzung dringt, bedingt durch Frau Friedrichs Erstarrtheit, nicht nach außen. Deswegen baut sich in ihr ein zunehmend mächtiger

Druck auf. Wie angewurzelt steht sie da, die rechte Faust um den Föhn geballt, den sie gerade in den Schrank räumen wollte. Übellaunig blickt sie auf den aufdringlichen Eindringling. Ihr Hals schwillt an, ihr Gesicht rötet sich, ihr Bauch ist hart wie ein Brett. Sie möchte am liebsten platzen, traut sich aber nicht mehr.

Merkmale von Grimm

Bis hierhin konnte sich Frau Friedrich der Illusion hingeben, sie sei die Stärkere. Nun aber fühlt sie sich in die Enge getrieben. Was tun? Nochmals auf ihn losgehen? Aber wieso grinst der immer so selbstsicher? Vielleicht ist er ja doch der Stärkere? Wird er die anderen Kellner holen und ihr auflauern? Oder seinen Medizinmann auf sie hetzen, dass der sie verhext? Sollte sie nicht besser wegrennen? Aber wohin denn auch? Frau Friedrich steckt zutiefst in einem Konflikt.

Auf diesem inneren Konflikt zwischen Hin oder Weg beruht der Grimm. Man hat einen sauren Bissen in den Mund geschoben bekommen, den man weder schlucken mag noch sich auszuspucken getraut.

Man bezweifelt, ob man die Auseinandersetzung noch gewinnen kann. Verzweifelt ist man hier noch nicht; Verzweiflung kommt erst ein paar Stockwerke tiefer. Zweifel jedoch ist gegeben; er äußert sich in der Unschlüssigkeit von „hin oder weg?"

Typischer Grundgedanke: „Soll ich hin? Oder weg?"

Erscheinungsbild: Der Hals schwillt („dicker Hals"), das Gesicht rötet sich, die Bauchmuskeln sind hart. Man steht wie angewurzelt, Zähne zusammengebissen, Lippen zusammengepresst, Fäuste geballt, die leicht angewinkelten Arme in Höhe von Hüfte oder Bauch.

Atmung und Stimme: Nach ein paar ruckartigen Einatmungen ist die Lunge gefüllt, die Brust geschwellt, mehr geht nicht rein. Man hält die Luft an. Bläst die Backen auf. Der Atem geht weder rein noch raus – ganz in Parallele zum geistigen Konflikt, wo es weder hin noch her geht. In Hals und Brust baut sich ein mächtiger Innendruck auf. Gesprochen wird nicht.

Wahrnehmungsraum: Grimm ist ein Stau. Die Aufmerksamkeit ist sowohl nach außen gerichtet, zum Gegenüber hin, wie auch nach innen, zum eigenen Konflikt hin. Ähnlich wie bei der Empörung denkt man hier nicht nur an das Gegenüber, sondern auch an sich selbst; von der eigenen Stärke ist man nicht mehr überzeugt. Bis hin zum Wutausbruch war man noch siegesgewiss, hier ist man es nicht mehr. Es geht weder vorwärts noch rückwärts, was zum Konflikt und damit zum inneren Energiestau führt.

An die Zukunft denkt man nicht; die missliche Gegenwart hält einen gefangen.

Vitalkraft: Sie strömt aus den unteren drei Chakren ins Kehlkopfchakra, darf sich aber nicht lösen und ausströmen, denn in der gegebenen Situation ist Kommunikation eher nicht anzuraten. Ähnlich wie die Atmung blockiert ist, kommt es auch vitalenergetisch zu einer Kraftblockade und dem entsprechenden Spannungsfeld.

ÄRGER

Die Story

Der Druck in Frau Friedrich baut sich immer mächtiger auf; sie vermag die Anspannung kaum noch zu ertragen. Der Stau will sich entladen, aber wohin? Zum Eindringling hin? Das traut sie sich nicht; bei dem ist Vorsicht geboten. Sie weicht in die Gegenrichtung aus, wendet sich von Dewa ab, kehrt ihm den Rücken zu und dann, erst dann platzt ihr der Kragen: „Scheißhotel! Scheißtropen! Scheißbali!" Heftig stampft sie mit dem Fuß auf, der Bungalow erzittert; den Föhn schleudert sie mit aller Wucht in eine Zimmerecke, wo er krachend zersplittert.

Merkmale von Ärger

Übermächtiger Innendruck, das ist der Grimm. Dessen Entladung unter Fluchen, Schimpfen und Handgreiflichkeiten gegen Sachen wie auch Personen, das ist der Ärger. Nicht am Gegenüber tobt man ihn aus, nicht am Verursacher des Ärgers, denn an den traut man sich nicht mehr heran. Vielmehr hält man sich an einen Ersatz. In unserer Beispielgeschichte trifft es nicht Dewa, sondern unschuldige Unbeteiligte wie den Föhn, das Hotel, die Tropen, ganz Bali. „Ärger trifft immer den Falschen" ist hier die Faustregel.

Häufig werden Zorn, Wut und Ärger miteinander verwechselt. Ganz zu Unrecht, denn Zorn und Wut sind direkt und offen gegen den Gegner gerichtet, Ärger hingegen explodiert in eine andere Richtung. Wut will den Feind noch vernichten, Ärger hat dafür den Mut nicht mehr. Man traut sich nicht mehr an den Bezugspunkt heran, um den es eigentlich geht. Es fehlt der Kampfgeist dafür. Man hält sich an schwächere, wehrlose Bezugspunkte, um seine Erregung auszutoben.

So betrachtet, ist der Grimm ein Exportartikel. Man kann ihn unbemerkt von einer Örtlichkeit zur nächsten transportieren, um ihn dort beim geringsten Auslöser zum Explodieren zu bringen. Beispiel Büro: Wegen irgendwelcher Widerstände ist man „total gefrustet". Im Verlauf der Auseinandersetzung baut man Innendruck auf, den man jedoch abkapselt, um Haltung zu wahren. Das ist der Grimm. Den nimmt man samt Aktentasche mit nach Hause, um ihn wegen Nichtigkeiten in Form von Ärger explodieren zu lassen, und alle bekommen etwas davon ab: Frau, Kind, Hund und vielleicht auch das Porzellan. Um seinen Frustrationsstau zu entladen, sucht man sich ein Ziel, von dem man sich sicher ist, dass es nicht zurückschlägt. Denn man braucht einen Sieg, um sein psychisches Gleichgewicht wiederherzustellen; also beschimpft man die, die mit der eigentlichen Sache überhaupt nichts zu tun haben.

Ähnlich wie nach einem Wutausbruch fühlt man sich nach Verpuffen des Ärgers erleichtert. Der Stau ist weg, gut so. Indessen ist es beim Wutausbruch der Gegner, der sich abwendet, hier beim Ärger wendet man sich selbst ab. Nach einem Wutausbruch samt Vernichtung des Gegners fühlt man sich stolz, nach einer Ärger-Explosion hingegen leer und kraftlos. Zudem hat man ein schlechtes Gewissen den Leidtragenden gegenüber, die ja nichts dafür konnten. Nutzlos war es auch, denn der Gegner hat von all dem nichts mitbekommen, weil man ihm seinen Ärger ja nicht zeigte. Deswegen ist die Situation nicht wirklich abgeschlossen. Es gibt keinen Sieger, sondern nur einen Verlierer, nämlich einen selbst, und jede Menge zerbrochenes Porzellan.

Der Gegner sitzt nach wie vor dort, wo man ihn gelassen hat, am Arbeitsplatz, im Büro, in der ehelichen Wohnung. Und dort wird er auch morgen und übermorgen noch sitzen, und erneut wird man mit ihm konfrontiert sein, und wieder wird das bekannte Muster durchlaufen werden: fruchtlose Auseinandersetzung, Frustration, Grimm, Ortswechsel, Ärger-Explosion.

Typischer Grundgedanke: „Jetzt hau ich drauf, egal wen's trifft (aber bloß nicht den eigentlichen Gegner, denn der darf nicht merken, wie es mir geht)!"

Erscheinungsbild: In alle möglichen Richtungen fuchteln, schlagen, treten; möglichst viel zertrümmern; mit Gegenständen, Bomben und Granaten um sich werfen. Das Erscheinungsbild ähnelt dem der Wut, geht jedoch nicht präzise in Richtung des Gegners, sondern in Ersatzrichtungen.

Atmung und Stimme: Kräftige Ausatmung, laute Stimme, unkontrolliert und übermäßig. Explosiv eben.

Wahrnehmungsraum: Ärger ist eine Streuung. Die Aufmerksamkeit streut auf der Suche nach geeigneten Opfern in die Runde. Man sucht etwas, woran man sich austoben kann, alles andere nimmt man weniger deutlich wahr. Eine Zukunftsschau gibt es hier kaum. Man hat sich auf die Gegenwart reduziert und denkt nicht an Konsequenzen.

Vitalkraft: Ähnlich wie bei der Wut: unbändige Kräfte.

HASS

Die Story

Erschöpft von ihrem Ausbruch hält Frau Friedrich inne und kommt zu sich. Sie registriert nicht nur den zersplitterten Föhn in der Zimmerecke, sondern auch den dienstbeflissenen Dewa, der dabei ist, die Bruchstücke aufzusammeln. Von den Gemütswallungen der Urlauberin zeigt er sich nach wie vor gänzlich unbeeindruckt. Frau Friedrich ihrerseits fühlt sich zutiefst gedemütigt. Kann es wirklich sein, dass dieser Kerl tatsächlich völlig unbeeindruckt ist und nicht nur so tut? Kann es sein, dass ihre sonst allseits respektierte Art, Grenzen zu ziehen und Übergreifer in ihre Schranken zu verweisen, hier versagt, dass sich dieser schmächtige Bursche als der Stärkere erweist? Wie kann sie es diesem impertinenten kleinen braunen Giftzwerg heimzahlen? Sie sitzt auf der Bettkante und verfolgt jede Bewegung des flink arbeitenden Hotelangestellten aus schmal zusammengezogenen Augen. Ihre Kiefer sind zusammengepresst, die Kaumuskeln spielen, die Zähne knirschen. Einen Plan hat Frau Friedrich keinen, wohl aber intensive Rachegelüste. Sie wartet auf ihre Gelegenheit dafür. Zwischen zusammengepressten Zähnen zischt sie kaum hörbar: „Wir sprechen uns noch, Freundchen, wart nur ab. Ich werd dich schon noch kriegen; das wirst du mir büßen!“

Dewa, kaum mit dem Aufräumen fertig, widmet sich ganz unbekümmert sogleich seinem Hauptanliegen: „Drink, madam?“

Merkmale von Hass

Muss man sich eingestehen, dass man die Unterlegene ist, so fühlt man sich gedemütigt und sinnt auf Rache. Jede Regung des Gegners studiert man, nur für ihn hat man Augen. Man wartet darauf, dass er sich eine Blöße gibt, eine Schwäche zeigt. Dieses intensive Beobachten und Abwarten kennzeichnet den Hass. Der Vernichtungswille der Wut ist durchaus noch gegeben, jedoch zeigt er sich nicht ungestüm, sondern ist vorsichtig, abwartend, lauernd. Hass übt sich in wachsamer Zurückhaltung.

Die Redensart „sich eine Blöße geben" kommt übrigens aus der Sprache der Schwertkämpfer. Wer unachtsam ist und seine Deckung momentan verliert, wer einen Spalt in seiner Rüstung erkennen lässt, gibt sich eine Blöße. Dem Gegner bietet sich damit eine Stelle zum Angriff. Auf eine solche Blöße wartet der Hasserfüllte, um sekundenschnell zuzustoßen.

Typischer Grundgedanke: „Ich krieg dich schon noch, mein Lieber. Ich warte nur auf meine Chance."

Erscheinungsbild: Typisch ist die lauernde Haltung: leicht geduckt, die Augen zu Schlitzen zusammengekniffen, um die Blickrichtung zu verbergen, der verstohlene Blick aus den Augenwinkeln, die zusammengepressten Kiefer, die verkniffenen Lippen.

Atmung und Stimme: Einatmung und Ausatmung sind gleichermaßen betont. Wegen der Spannung im Solarplexus ist die Atmung flach und gepresst. Entsprechend gepresst und zischend ist die Stimme.

Wahrnehmungsraum: Hass ist eine Strömung, denn alle Aufmerksamkeit strömt zum Gegner hin. Die Aufmerksamkeit strömt eng gebündelt und wirkt heranholend, man setzt Ferngläser und Abhöranlagen ein. Damit ähnelt der Hass dem Interesse, nur ist die hier gegebene Absicht eine ganz andere. Die Wahrnehmung beschränkt sich auf den Gegner, auf seine Bewegungen und Schwächen. Nichts sonst hat Bedeutung.

Eine Zukunft sieht man nur in der Vernichtung des Gegners; weiter denkt man nicht.

Vitalkraft: Sie ist im Kraftchakra gebündelt und sozusagen auf Standby, um jederzeit abrufbar zu sein und blitzschnell die Muskeln zu aktivieren.

HINTERHÄLTIGKEIT

Die Story

So intensiv Frau Friedrich ihren Quälgeist auch beim Aufräumen beobachtet - es bietet sich einfach keine Gelegenheit für den gewünschten Vernichtungsangriff. Und dann bietet der ihr doch glatt noch einen Drink an! Frechheit!

Frau Friedrich fühlt sich von Dewas Unverfrorenheit nun doch recht eingeschüchtert. Ihre Hassgefühle mit einer direkten Attacke auszulassen, traut sie sich nicht mehr zu - wie aber wär's mit einer indirekten? Günstiger Weise liegen zwischen ihr und Dewa ein Paar Schuhe auf dem Fußboden und sind noch nicht in den Schrank geräumt. Das ist die Chance! Nach Dewas „Drink, madam?" flötet sie mit gespieltem Lächeln: „Ach, der Saft. Das ist aber nett."

Während sie zugreifend die Hand ausstreckt und einen Schritt auf Dewa zu macht, stößt sie vorsätzlich mit dem Fuß gegen die Schuhe, täuscht ein Stolpern vor, greift Hilfe suchend nach Dewas Arm – und bringt so das Tablett ins Wackeln. Dewa kann gerade noch die Karaffe schnappen, das halb gefüllte Glas aber landet auf dem Boden. Süßlich duftend sickert der Mangosaft in den Palmstrohteppich.

Dewa schaut verdutzt auf den Saftfleck. Frau Friedrich legt mit gespieltem Entsetzen eine Hand vor den Mund und die andere geziert auf Dewas Arm: „Ach, das tut mir aber leid! Wie ungeschickt von mir! Also so was - wie das nur passieren konnte!"

Innerlich aber triumphiert sie. Nachdem er zum zweiten Mal aufgewischt haben wird, wird es ihm reichen, denkt sie bei sich; der kommt nie wieder!

Merkmale von Hinterhältigkeit

Wie kann man einem überlegenen Gegner noch eins auswischen? Mit Hinterlist. Denn – das hat sich für Frau Friedrich erwiesen – Drohen und wütendes Anbrüllen brachten nichts, ärgerliches Schimpfen und den Föhn zerdeppern auch nichts. Ihre Lust auf einen offenen Angriff sieht sie angesichts Dewas Unverfrorenheit schwinden; anders gesagt, zu der mehrere Stufen höheren Emotion Wut vermag sie sich nicht mehr aufzuschwingen. Da bleibt ihr nur der Angriff aus dem Hinterhalt. So fingiert sie einen Unfall, tut dann fürchterlich betroffen und triumphiert gleichzeitig innerlich, da sie gewonnen zu haben glaubt.

Teil des Täuschungsmanövers und typisch für Hinterhältigkeit ist die aufgesetzte Zerknirschtheit und die mit hämischer Freundlichkeit vorgebrachte Entschuldigung für dieses „Versehen", dieses „tragische Missgeschick", dieses „unerklärliche Vorkommnis". Hinterhältigkeit und Häme gehen Hand in Hand, siehe Intrigen, Mobbing, Lästern, Verpetzten und in scheinbarem Lob versteckte Vorwürfe.

Typischer Grundgedanke: „Hauptsache, ich setz mich durch und es fällt nichts auf mich zurück."

Erscheinungsbild: Typisch sind äußerliche Freundlichkeit, vorgetäuschte Herzlichkeit, falsches Lächeln. Auf den ersten Blick fällt einem an dem betreffenden Fiesling nichts auf, denn gekonnt gespielte Körpersprache kann wirksam täuschen. Um die hämisch hochgezogenen Mundwinkel zu entdecken, muss man schon genau hinschauen.

Atmung und Stimme: Der Atem fließt wie beim normalen Sprechen. Das Lächeln wirkt ein wenig bemüht und die Stimme gekünstelt, um die eigentlich gegebene Abschätzigkeit zu verbergen.

Wahrnehmungsraum: Hinterhältigkeit ist ein Strömen, ein Umströmen. Ähnlich wie bei der Freude umstrudelt die Aufmerksamkeit den Bezugspunkt spiralförmig. Indessen ist die Absicht hier nicht bewundernd würdigend, sondern - insofern sie einen Schwachpunkt zu finden und auszunutzen sucht - heimtückisch. Entlädt sich der Hass nach langem Lauern über die Wut, so wird noch offen und von vorne zugestoßen; Hinterhältigkeit jedoch agiert verdeckt von hinten herum. Ein großer Teil der Aufmerksamkeit wird deswegen auf das Verbergen der eigenen Absicht verwendet.

Die Zukunftsaussichten sind kurzfristig; sie beschränken sich darauf, sich der Situation anschließend unauffällig zu entziehen.

Vitalkraft: Keine Auffälligkeiten. Alles strömt normal.

GROLL

Die Story

Dewa nimmt Frau Friedrich ihre vorgetäuschte Beschämtheit über das Missgeschick ab und möchte die Angelegenheit schnellstens aus der Welt schaffen. Schließlich kann die Dame nichts dafür, es war ein Versehen. Und geschah es nicht, als sie gerade nach der Karaffe griff? Das zeigt doch eindeutig, dass sie endlich verstanden hat, um was es ihm geht – was ihn natürlich freut und erleichtert, denn immerhin hängt viel für ihn davon ab und so schwer wie hier hatte er es wirklich mit noch keinem Gast. Mit großer

Bestimmtheit und beschwichtigender Geste sagt er ihr einige schnelle Worte auf Balinesisch, schnappt Tablett, Glas und Karaffe und verschwindet. Frau Friedrich ist selig; sie hat es geschafft, sie ist ihn losgeworden!

Wenige Minuten später aber erscheint Dewa mit einem Putzeimer in der einen Hand und dem unvermeidlichen Tablett mit einer frischen Karaffe Mangosaft nebst Glas in der anderen. Er stellt das Tablett auf den Verandastufen ab und macht sich ans Aufwischen.

Als Frau Friedrich den so ausgerüsteten Dewa die drei Stufen zur Veranda heraufsteigen sieht, er die feuchte Strohmatte auf die Veranda trägt und mit Eimer und Lappen den Boden wischt, ziehen ihr düstere Wolken ins Gemüt. Mit hängenden Schultern dreht sie sich zum Kleiderschrank um und räumt lustlos den Rest ihrer Garderobe ein.

Während sie in Schrank und Koffer kramt, brabbelt sie halblaut vor sich hin: „Dieser miese kleine Laufbursche. Dieser vermaledeite Mistkerl, dieser! Der soll mal schön aufpassen, dass ich ihn nicht im Dunkeln erwische. Das lass ich mir doch nicht bieten. Was bildet der sich denn ein. Beim Hoteldirektor werde ich mich beschweren, jawoll! Der wird sich noch die Zähne an mir ausbeißen, dieser…“ Mit zusammengekniffenen Augen schlägt sie ihre Faust mal auf die flache Hand, mal dreht sie die Fäuste gegeneinander, als würde sie ein Tuch auswringen oder einem Huhn den Kragen umdrehen.

Dewa ist fertig mit Scheuern; die gereinigte Matte hängt auf dem Verandageländer zum Trocknen. Nun steht er strahlend mit seinem Tablett im Türrahmen und freut sich, der fremden Dame endlich das Gute tun zu dürfen, das er ihr die ganze Zeit hat tun wollen und das sie nun endlich annehmen will, wie sie vorhin ja deutlich machte.

Frau Friedrich kann Dewa nicht sehen, weil sie ihm, den Kopf im Kleiderschrank vergraben, den Rücken zuwendet und im Selbstgespräch Mordpläne gegen ihn schmiedet. Doch das Gluckern vermag sie nicht zu überhören, dieses verhasste Gluckern von Mangosaft, der in ein Glas gegossen wird.

„Drink, madam?"

Merkmale von Groll

Ist man mit Hinterhältigkeit gescheitert, bleibt einem nur der Rückzug; dieser geht gewöhnlich mit Groll einher. Weder verzeiht man es dem Gegner, dass er gewonnen, noch sich selbst, dass man verloren hat. Beides behält man für sich und spricht es nicht aus.

Hier treffen wir auf einen weiteren Wendepunkt in der Stufenfolge der Emotionen. Bislang gelang es, die eigene Position zu halten. Sowohl im örtlichen wie auch im geistigen Sinn behielt man seinen Standpunkt, also ganz wörtlich den Punkt, auf dem man steht, von dem aus man agiert. Weder körperlich noch hinsichtlich seiner Überzeugungen hat man sich wegschieben lassen. Bis hinunter zur Hinterhältigkeit spricht man den Gegner immer wieder an, setzt sich mit ihm auseinander, versucht, irgendwie mit ihm fertig zu werden und selbst einigermaßen unbeschadet aus der Situation herauszukommen. Im Groll ändert sich dies jedoch grundlegend. Hier verlässt man erstmals seinen Standpunkt, sein Überzeugung, seine Stellung und zieht sich zurück.

Im Ärger wendet man sich vom Bezugspunkt ab, um sich an Ersatzzielen abzureagieren, doch anschließend wendet man sich der Sache oder Person erneut zu. Es ist eine Schleife: einstecken - abwenden - austoben - wieder hinwenden; einstecken - abwenden - austoben - wieder hinwenden. Wieder und immer wieder. Man will das bewältigen, jawohl, soviel Kampfgeist hat man schon noch. Eine Stufe vorher, in der Hinterhältigkeit versuchte man es mit zwar verdeckter Aggression, aber immerhin, noch geht es um reales Handeln. Auf der Stufe des Grolls indessen ist es damit vorbei. Es bleibt nur noch die virtuelle Aggression. Sie spielt sich im Geist ab.

Immer wieder erwies sich der andere als der Stärkere und man selbst als der Unterlegene. Die Auseinandersetzung hat sich im Grunde bereits entschieden, doch will man sich das nicht eingestehen. Ersatzweise gibt man sich wilden Tagträumen von Rache und Vergeltung hin. In Selbstgesprächen rechnet man mit seinem Gegner ab. Man agiert in der Vorstellungswelt, nicht in der wirklichen. Für eine reale Auseinandersetzung ist man zu entmutigt. Die Konfrontation findet nur noch im Kopf statt. In deftigen Bildern malt man sich aus, was man dem Widersacher antäte, wenn man nur könnte. Groll ist unausgelebte und deswegen in die Vorstellungswelt projizierte Aggression.

Typischer Grundgedanke: „Wenn ich nur könnte, wie ich wollte, dann würd ich ihn abmurksen!“

Erscheinungsbild: Man führt Gespräche mit einem eingebildeten Gegenüber und murmelt unentwegt vor sich hin. Die Körperhaltung ist leicht gebeugt, der Kopf geneigt, der Blick klebt am Boden, man schlurft in kleinen Schritten vor sich hin. Oder man ist mit einer Tätigkeit beschäftigt, jedoch nicht voll bei der Sache, denn gelegentlich huscht der Blick nach links oder rechts.

Atmung und Stimme: Die Atmung ist flach, die Stimme zum Selbstgespräch gedämpft und kaum hörbar.

Wahrnehmungsraum: Groll ist eine Strömung. Die Aufmerksamkeit geht vorrangig nach innen hin zu Vorstellungsbildern. Die Außenwelt nimmt im Wahrnehmungsraum eine untergeordnete Stellung ein, die geistige Innenwelt ist in den Vordergrund gerückt. Die Zukunft malt man sich in einer solchen Stimmung zwar aus, doch erschöpft sie sich in Vernichtungsphantasien unterschiedlicher Größenordnung.

Vitalkraft: Keine Auffälligkeiten im Fluss, nur dass er schwächer ist als bisher.

ANGST UND FURCHT

Die Story

Frau Friedrich, vor sich hin grollend und in das Einräumen ihrer Kleidung vertieft, vernimmt das Gluckern, als Dewa den Saft eingießt. Sie hört sein „Drink madam?“. Da wird es ihr zu viel. Das ist mehr, als sie verkraften kann; ihr reißen die Nerven. In dem Bungalow fühlt sie sich wie ein Tier in der Falle, deswegen rennt sie nun hinaus in die Freiheit. Mit einem schrillen „Aaaah!“ rennt sie blindlings an dem verdatterten Dewa vorbei durch die Tür, über die Veranda die drei Treppenstufen hinab und über den Sandstrand hinweg bis hinunter zum Wasser. Weg, nur weg von dort! Erst, als sie bis zu den Knöcheln im lauen, behaglich vor sich hinplätschernden Indischen Ozean steht, kommt sie zur Ruhe. Gerettet! Ihre Atmung normalisiert sich, ihre Beine hören auf zu zittern. Sie schaut sich um. Auf dem Balkon ihres Bungalows, gute fünfzig Schritte entfernt, sieht sie den ratlos blickenden Dewa stehen. Zum Glück ist die Entfernung zwischen ihm und ihr so groß, dass sie sich in Sicherheit fühlt.

Merkmale von Angst und Furcht

Jede ernst erscheinende Lebensbedrohung stößt einen unmittelbar und ohne Umweg in Angst, ganz gleich auf welcher der höheren Emotionsstufen man sich gerade bewegen mag. Es geht in der Regel übergangslos von hoch nach tief. Doch auch die graduellen Übergänge gibt es, so etwa in diesem Fall. Für die bereits geschwächte Frau Friedrich genügt ein einziges weiteres „Drink, Madam?“, um sie schreiend davon rennen zu lassen. Nur ein einziger Gedanke treibt sie an: Sicherheit.

Angst leitet sich von dem lateinischen Wort angustia ab, was Enge bedeutet. In der Tat ist Angst von einem Gefühl der Enge gekennzeichnet: sie schnürt einem die Kehle zu und drückt den Brustkasten zusammen. Als Rettung vor der Enge sucht man „das Weite".

Zwischen Furcht und Angst ist zu unterscheiden. Furcht bezeichnet den berechtigten Respekt vor einer gewaltigen Präsenz, sei es eine Naturgewalt, ein Truppenaufmarsch oder eine mystische Erscheinung, wie etwa Moses und Mohammed sie hatten. Furcht führt zu berechtigter Sorge und entsprechender Vorsorge. Fürchtet der Geologe beim Erforschen eines Vulkans einen Ausbruch oder der Skiläufer einen hochalpinen Schneesturm, so würden beide entsprechend vorsorgen. Brechen Vulkan oder Schneesturm dann tatsächlich aus und erweist sich die getroffene Vorsorge als unzureichend, so packt den Forscher bzw. den Skifahrer die Angst und sie ergreifen die Flucht.

Auch zwischen Furcht um und Furcht vor ist zu unterscheiden. Wenn man um die Eisbären fürchtet, dann bekümmert einen ihr mögliches Aussterben und man schließt sich beispielsweise einer entsprechenden Umwelt-Initiative an. Fürchtet man sich hingegen vor einem Eisbären, dann vielleicht deswegen, weil eins von den Biestern gerade in einiger Entfernung auftaucht, während man als Nordmeer-Tourist im Schlauchboot sitzt. Immerhin könnte er einen als Frühstück betrachten. Kommt er dann gar noch näher, packt einen die Angst und man schaut, dass man wegkommt.

Typischer Grundgedanke: „Nichts wie weg!" (Weg von der Gefahr und hin zur Sicherheit.)

Erscheinungsbild: Wer Angst hat, rennt. Weg, nur weg von der Quelle der Bedrohung und hin zu einer möglichen Zuflucht. Diese könnte eine Örtlichkeit sein, aber auch eine Bezugsperson oder ein normenkonformes Verhalten.

Atmung und Stimme: Die Ausatmung überwiegt, verbunden mit einem lauten, schrillen, oft langgezogenen Schrei.

Wahrnehmungsraum: Angst ist eine Strömung. Die Aufmerksamkeit ist auf den erhofften Fluchtpunkt fixiert, sei es ein Ort oder eine Person. Von ihnen verspricht man sich Schutz und Sicherheit. Wie die heftige Ausatmung und der laute Schrei ausdrücken, schafft man sich einen neuen, großen Raum in Gegenrichtung zum bedrohlichen Bezugspunkt - also ganz woanders als bisher.

Der neue Wahrnehmungsraum enthält den bisherigen Bezugspunkt nicht mehr. Doch kann man nicht umhin, an diesen intensiv zu denken, ihn im Auge zu behalten. Man lebt sozusagen in zwei Wahrnehmungsräumen gleichzeitig: der eine beinhaltet den Fluchtpunkt vor einem, der andere den Verfolger hinter einem.

Im Unterschied zu Ärger, Hinterhältigkeit und Groll denkt man somit auf der Emotionsstufe Angst nicht an das gerade eben Geschehene, sondern vor allem an das, was bitte möglichst bald geschehen soll, also an seine Zukunft. Gleichwohl ist diese Zukunft keine von einem selbst gewählte, sondern eine von den Umständen erzwungene.

Bereits oben auf der Stufe Genervtheit gab man den Traum einer frei selbstgestalteten Zukunft auf. Ab da wollte man letztlich bloß noch seine Ruhe haben. In der Wut dachte man an eine Zukunft ohne den unerwünschten Bezugspunkt, von Grimm bis Groll an eine wenn auch spannungsgeladene Koexistenz mit dem Störenfried, doch war es immerhin eine eigene Zukunft, an der man selbstbestimmt mitgestaltete. Nun aber diktieren einem äußere, übermächtige Umstände eine Zukunft, man ist fremdbestimmt. Da sucht man Rettung.

Vitalkraft: Die drei unteren Chakren kochen über und schießen über alle Kanäle Kräfte in die Glieder; entsprechend mobilisiert sind Arme und Beine beim Wegrennen.

PANIK

Die Story

Dewa blickt von der Veranda des Bungalows zu seinem im flachen Wasser stehenden europäischen Gast hinunter. Wieso hat sie eben so laut geschrien, fragt er sich? Nun ja, man kennt das ja von den Touristen, wie sie beim Anblick des Ozeans in Verzückung geraten. Das jedoch ändert alles nichts an seinem Auftragsbewusstsein. Das Tablett balancierend steigt er die drei Stufen der Verandatreppe hinab und geht geradewegs auf Frau Friedrich zu. Frau Friedrich erkennt das nahende Unheil und fasst einen Plan. Erst mit unauffällig kleinen Schritten, dann immer zügiger geht sie den Strand entlang, um den Abstand zwischen sich und Dewa zu vergrößern. Sie will Zeit gewinnen, ihn abhängen.

Nicht bedacht hat sie jedoch das bestens ausgebildete Servicepersonal. Eifrige junge Kellner und Kellnerinnen sind rundum damit beschäftigt, ihren Gästen am Strand erfrischende Obstsäfte anzubieten. Dewa macht mit dem freien Arm dringliche Gesten in deren Richtung. Einer von ihnen, nicht weit von Frau Friedrich entfernt, bemerkt Dewas Signal, versteht, was gemeint ist, und schreitet zügig in Frau Friedrichs Richtung, das Tablett mit Karaffe und Gläsern einsatzbereit vor der Brust.

Frau Friedrich macht auf dem Absatz kehrt, um in Gegenrichtung zurück zu marschieren, doch wartet dort Dewa auf sie. Sie will sich quer über den Strand ins Hinterland retten - von dort aber nähert sich ein dritter Kellner! Frau Friedrichs Atem geht stoßweise, aus ihren geweiteten Augen huscht der Blick hierhin und dorthin; die gehetzte Frau sucht einen Ausweg, eine Lücke, eine Fluchtmöglichkeit. Doch wohin sie auch blickt, sieht sie Servicepersonal, überall Servicepersonal. Sie ist umzingelt. Wohin sich retten, wohin, wohin?

Merkmale von Panik

Ist eine Flucht erfolgreich verlaufen, fühlt man sich gerettet. Die Atmung normalisiert sich, die Beine hören auf zu zittern. Sind aber alle Wege abgeschnitten, so ist keine Fluchtmöglichkeit mehr gegeben. Man gerät in Panik.

Panik ist in die Unerträglichkeit gesteigerte Angst, gefolgt von Kopflosigkeit und schließlich Lähmung. Man will sich retten, weiß jedoch nicht, wohin, denn jeder erkennbare Fluchtweg ist verbaut. Kein Ausweg. Man ist dem Feind ausgeliefert.

Typischer Grundgedanke: „Wohin, wohin nur? Geht es dort? Nein! Oder dort? Nein! Oder dort? Nein!“

Erscheinungsbild: Man blickt rasend von einer Seite zur anderen, sucht nach Auswegen. Zum Schluss ist man wie gelähmt. Erst rannte man in wilder Flucht nach rechts und links und vor und zurück und hin und her, doch fand man jede Lücke verbaut, nirgends kam man durch. Nun steht man zitternd still. Die weit aufgerissenen Augen bewegen sich gehetzt in alle Richtungen, nach einem letzten Ausweg suchend; der Atem geht hechelnd.

Atmung und Stimme: Es wird eng und enger im Brustkorb. Gehetzt und stoßweise geht die Atmung; sie erfolgt ganz oben im Bereich des Schlüsselbeins. Man spricht nichts, man hechelt nur.

Wahrnehmungsraum: Panik ist eine Streuung. Die Aufmerksamkeit rast rundum, sie streut in alle Richtungen, beschränkt sich aber auf das Nächstliegende, das hoffentlich Erreichbare. Für die Ferne, für weite Wege ist keine

Zeit mehr, denn es muss schnell gehen mit der Rettung, ganz, ganz schnell, sonst geht man unter.

Die Zukunft ist auf das Jetzt geschrumpft, gerade mal bis zum nächstmöglichen Mauseloch erstreckt sie sich.

Vitalkraft: Die unteren drei Chakren stehen hier mehr als zuvor im Vordergrund der Aktion, denn nur noch um das Bereitstellen von Kraft geht es. Mitgefühl, Kommunikationsfähigkeit, Weitsicht, die drei oberen Chakren also, spielen in dieser Situation keine Rolle.

ENTSETZEN

Die Story

Beflissen hat sich Dewa der am Strand stehenden, wirr um sich blickenden Frau Friedrich genähert; er erkennt ihren zittrigen, aufgelösten Zustand. Vermutlich war ihr die weite Reise zu anstrengend, denkt er sich. Da empfiehlt sich doch ein bewährtes balinesisches Hausmittel, nämlich Mangosaft: „Drink, madam?"

Wortlos, mit geweiteten Augen starrt Frau Friedrich Dewa an und erkennt glasklar: Schluss, aus, vorbei. Als letzte Geste der Abwehr, ihn weiterhin anstarrend, streckt sie die Arme mit nach außen weisenden Handflächen abwehrend zu Dewa aus, als wollte sie den Aufprall von Dewa, Tablett, Glas und Saft abfangen, und stammelt: „Nein! Nicht! Bitte nicht!"

Merkmale von Entsetzen

Dieses „Nein!" am Schluss drückt eine unumstößliche Gewissheit aus: „Hier komm ich nicht mehr weg. Jetzt hat er mich." Dieser Satz ist nicht etwa das Ergebnis sorgfältigen Nachdenkens, sondern schießt einem als plötzliche, erschreckende Erkenntnis durch den Kopf. Sich gedanklich etwas zurechtzulegen, dazu hätte man gar keine Zeit.

Typisch für Schreck und Entsetzen sind tiefe Einatmung und angehaltene Luft. Man sieht, was da auf einen zukommt, die Augen weiten sich, man hält die Luft an. Es bildet sich ein äußerst spannungsgeladener Stau. Dieser ist Ausdruck eines mächtigen inneren Konflikts. Denn gleichzeitig damit, dass man die Gegebenheiten spontan anerkennt, hat man auch den gegenteiligen Gedanken im Sinn: „Das darf nicht sein, das kann nicht sein, das gibt es nicht!"

Im Versuch, das Unabwendbare trotz allem noch abzufedern, formieren sich die Kräfte zu einer letzten Defensive, und da körperlich nichts mehr zu machen ist, ereignet sich die Abwehr auf geistiger Ebene. Ein mentalenergetisches Energiefeld bildet sich gegen den erwarteten Aufprall, ein Airbag sozusagen, alle Mentalflocken verdichten sich zu einem Verdrängungswall. Auge in Auge mit dem Entsetzlichen, will man es dennoch nicht wahrhaben. „Das darf nicht sein!", denkt man und schlägt die Hände vors Gesicht. Durch dieses Blockieren der Wahrnehmung schon während der Katastrophe wird auch die spätere Erinnerung daran blockiert.

Bislang in einer laufenden Auseinandersetzung nur unterlegen, wird man hier im echten, vollen Sinn zum Opfer. Bis hinunter zu Flucht und Panik hat der Unterlegene noch zielorientiert agiert, denn noch gab es Hoffnung - jetzt aber erfolgt die finale Anerkennung der Überwältigung. In einem letzten Aufbegehren dreht man sich noch einmal zum Verfolger hin, die Hände in Abwehr ausgestreckt, wissend: hier gibt es keine Rettung mehr.

Entsetzen bedeutet vom eigentlichen Wortsinn her: man wurde gewaltsam weggesetzt. Man saß irgendwo, war dort gut etabliert, da kamen gewaltige Mächte daher und fegten einen hinweg. Damit ist man buchstäblich ent-setzt. Man hatte eine bestimmte Lebensphilosophie, eine Überzeugung, eine Absicht und vertrat diese entsprechend. Auf diesem Ausgangspunkt, dieser Lebensplattform „saß“ man. Auf der Flucht hoffte man, neben dem Leben und einigen Habseligkeiten vor allem seine Überzeugungen zu retten (viele Menschen fliehen aus religiösen Gründen). Diese Hoffnung aber stirbt, falls die Flucht vereitelt wird, Panik setzt ein, schließlich Entsetzen. Vorbei ist es nun mit Hab und Gut, mit Leib und Leben, mit den geheiligten Überzeugungen, mit der gesamten Zukunft. Diese Erkenntnis stellt sich im Moment des Entsetzens wie ein Donnerschlag ein. Dennoch will man das Unabwendbare noch abwenden. Doch hat das laut ausgestoßene „Nein!“, so stark es auch im Trotz gewesen sein mag, hier keine Kraft mehr.

Typischer Grundgedanke: „Keine Chance mehr. Jetzt hat es mich erwischt.“

Erscheinungsbild: Regungslos, gebannt steht man vor dem Überwältiger oder dem überwältigenden Geschehen und starrt mit aufgerissenen Augen fassungslos hin. Man kann nicht ertragen, was da auf einen einstürzt. In einem letzten Aufbegehren streckt man abwehrend die Arme aus. Ob es einstürzende Mauern sind, ein Vulkanausbruch, ein mit gefletschten Zähnen angreifender Schäferhund, ein Vergewaltiger oder Mörder - immer ist es diese Abwehrgeste.

Atmung und Stimme: Man atmet schnell und heftig ein, wobei man einen stöhnenden Laut hervorbringt (beim Einatmen!). Der Brustkorb ist zum Platzen gebläht, der Atem wird angehalten, um sich gegen den erwarteten Aufprall zu panzern. Ausatmen geht nicht, deswegen wird auch nicht gesprochen.

Wahrnehmungsraum: Entsetzen ist ein Stau. Man ist voll auf den überwältigenden Bezugspunkt fixiert, ob Person oder Objekt. Man bläst zwischen sich und ihm einen mentalen Airbag auf, um sich zu schützen. So entsteht ein enorm komprimierter Stau. Er soll das Unheil abfedern, parallel zum geblähten Brustkasten. Der geistige Raum ist winzig, ist zum Airbag reduziert. Die Zukunft ist einem entschwunden. Mit sämtlichen Sinnen ist man in einer Gegenwart, mit der man absolut nichts zu tun haben will.

Vitalkraft: Wer einatmet, sammelt Kraft. Insbesondere im Entsetzen ballen sich alle Kräfte in der Körpermitte, d. h. in den unteren drei Chakren. Eine besondere Rolle kommt den Handchakren zu: indem man sie mit ausgestreckten Armen zum Gegner hin strömen lässt, schafft man in Verbindung mit dem Arminnenströmen zur Abfederung eine Pufferzone.

VERZWEIFLUNG

Die Story

Dewa ist etwas irritiert. Dass ihm eine Europäerin die Arme entgegenstreckt, als wäre er ein böser Geist, das hat er noch nicht erlebt. Wie verwirrt sie wirkt! Man muss sie trösten. Dazu fällt ihm nichts Besseres ein, als in fürsorglichem Tonfall zu fragen: „Drink, madam?"

Damit ist Frau Friedrichs Geist gebrochen. Sie sinkt in sich zusammen. Vor ihrem inneren Auge löst sich ihr gesamtes Leben auf. Der Urlaub ist zuschanden gemacht, ihr Stolz geknickt, ihre Freude dahin, ihre Selbstsicherheit mit Füßen getreten. Ihre Persönlichkeit ist zunichte gemacht, ihr gesamtes „ich bin ich" dahin. Vorbei, vorbei.

Sie schaut blicklos zu Boden. Nicht sieht sie den Sand vor ihren Augen, nicht Dewas bloße Füße, nicht hört sie das Rauschen der Wellen, das Flüstern der Palmen, nicht spürt sie die Wärme des tropischen Nachmittags. Nichts. Nichts. Nichts. Tot und leer ist sie innerlich.

Merkmale von Verzweiflung

In der Verzweiflung dämmern einem die Konsequenzen des Vorgefallenen. Damit einher geht Hoffnungslosigkeit.

Verzweiflung ist die Entladung des Staus, der sich im Zustand des Entsetzens aufgebaut hat. Aus dem mentalenergetischen Airbag zwischen Opfer und Überwältiger entweicht ganz allmählich der Druck. Alles löst sich auf, fließt davon.

Gezweifelt hat man hier und da schon vorher, zum Beispiel beim Grimm, als man sich fragte, ob man wohl jemals mit seinem Gegner fertig werden würde. Verzweifelt aber war man da noch nicht. Das kommt erst jetzt, unterhalb von Entsetzen.

Verzweifelt sein bedeutet: unterhalb allen Zweifels stehen. Die Vorsilbe „ver" gibt einem Begriff einen negativen Akzent. Laufen ist gut, sich verlaufen schlecht. Trinken ist gut, alles vertrinken schlecht. Sich irren kann mal vorkommen, doch sich verirren könnte böse enden. So ist es auch mit zweifeln. Wer an allem zweifelt, wer nichts mehr hat, an das er sich halten kann, der ist verzweifelt.

Typischer Grundgedanke: „Nichts bleibt mir mehr."

Erscheinungsbild: Alles strömt weg von einem. Man kniet, wringt die Hände oder hat sie vor der Brust gefaltet, verdreht die Augen zum Himmel. Man schüttelt den Kopf, denn man kann nicht fassen, dass es gekommen ist, wie es kam. Oder man starrt stumpf in die Leere, während die Konsequenzen des Geschehens langsam ins Begreifen einsickern.

Atmung und Stimme: Parallel zum Gefühl des Entschwindens verhält sich die Atmung. Der Atem strömt aus, aus, aus; die Stimme klingt flehend und klagend, die Einatmung seufzend.

Wahrnehmungsraum: Verzweiflung ist eine Strömung. Die Aufmerksamkeit ist stark nach innen gerichtet. Der Wahrnehmungsraum ist voller Erinnerungsbilder; alles, was einem je wertvoll war, sieht man entgleiten. Hinsichtlich der Zukunft blickt man in ein Nichts. Fassungslos starrt man auf eine Leere, wo zuvor Fülle war.

Vitalkraft: Die gefalteten oder auch gewrungenen Hände vor der Brust bewirken eine Interaktion zwischen den Handchakren und dem Herzchakra, so als wollte man den Lebensmotor mit den letzten vitalenergetischen Resten noch einmal ankurbeln. Die nach oben, oft gar nach innen verdrehten Augen stimulieren das 7. Chakra in der Hoffnung, die Universalenergie anzuzapfen, denn selbst hat man keine mehr.

UNTERWÜRFIGKEIT

Die Story

Angesichts dieses Häufchens Elend vor seinen Füßen ist Dewa nun doch ans Ende seiner Weisheit gekommen. Was hier gerade geschieht, ist gegen alle guten Sitten. Er hat Ähnliches weder je erlebt noch davon gehört; es kann einfach nicht geben, was hier gerade abläuft. Indessen entsetzt es ihn nicht etwa, sondern befremdet ihn lediglich. Sein stärkstes Interesse gilt nach wie vor seinem Auftrag; die Anweisungen des Hotelmanagements sind ihm oberstes Gebot. Nur in diesem Zusammenhang sieht er eine Notwendigkeit, sich mit der zusammengebrochenen Touristin zu befassen. Auf Generationen alte Kellner-Weisheiten zurückgreifend (schon sein Großvater war Kellner) greift Dewa zur global bewährten Rettungsformel: „Drink, madam?"

Frau Friedrich tastet sich mit den Augen zu Dewas Knien hoch und über Wickelrock und Hemdknöpfe hinweg weiter nach oben bis zu Kinn, Nase und Gesicht; scheu schaut sie Dewa von schräg unten an. Als Reaktion auf Dewas erneuten Vorstoß fleht sie um Gnade. Mit beiden Armen umfasst sie seine Knie – fast fällt ihm das Tablett aus der Hand - und stößt flehend hervor: „Bitte, tu mir nichts. Kann ich dich irgendwie umstimmen? Lass mich etwas für dich tun, lass mich sein wie du; lass mich dein Lehrling sein, lass auch mich Mangosaft verkaufen."

Merkmale von Unterwürfigkeit

In seiner Verzweiflung hat man begriffen, dass alles Bisherige aus und vorbei ist - aber noch lebt man. Was wird aus einem? Wie soll es weitergehen? Da man fraglos der Verlierer ist, sollte man sich da nicht vielleicht auf die Seite des Siegers schlagen? Denn irgendetwas hat der richtig gemacht, der Sieger, sonst hätte er nicht gesiegt. Also hat der Sieger Recht, mehr Recht als man selbst, logisch.

Weil einem die Überlebensmöglichkeiten nach eigenem Zuschnitt genommen sind, kann man ab jetzt nur noch nach dem Zuschnitt des Siegers überleben. Zur Flucht wurde man gezwungen; sie gelang nicht, denn alle Fluchtmöglichkeiten waren versperrt. Es folgen Panik, Entsetzen, Verzweiflung, Hoffnungslosigkeit. Die Übermacht des Gegners ist nicht zu erweichen. Wo und wie soll man da noch leben?

Erneut muss man einen alternativen Lebensraum finden. Und zwar wo? Natürlich beim Gegner. Seine Gunst gilt es zu gewinnen; ihn gnädig zu stimmen ist nun vordringlichstes Ziel. So bietet man ihm willig alles an, von dem man hofft, dass es einen Wert für ihn habe; opfert willig Hab und Gut und Haus und Hof und Frau und Kind, nur damit die eigene Existenz verschont bleibe. Fruchtet auch das nicht, so bleibt nur eins: mitmachen. Sein wie er.

Typischer Grundgedanke: „Bitte, verschone mich! Lass mich leben als du."

Erscheinungsbild: Der Unterlegene will den Sieger, den Überwältiger für sich einnehmen und fleht um Gnade.

Atmung und Stimme: Die Ausatmung überwiegt, denn Ausatmung schafft Raum. Man ist dabei, einen alternativen geistigen Raum für sich zu erschaffen, hoffend, der Gegner möge gestatten, dass sein Raum mit dem eigenen verschmelze. Doch nur schwach ist der Atem, entsprechend schwach und flehend klingt die Stimme.

Wahrnehmungsraum: Unterwürfigkeit ist eine umstrudelnde Strömung. Die gesamte Aufmerksamkeit strömt zum Bezugspunkt hin, umströmt ihn. Nur noch der Andere existiert, nur noch ihn nimmt man wahr. Man selbst existiert nicht mehr. Die Zukunft des Anderen, so wünscht man sich, möge bitte zur eigenen werden; von seiner Zukunft hofft man etwas abzubekommen, von seiner Laune und Willkür macht man das eigene Überleben abhängig. Man teilt den Wahrnehmungsraum des Siegers, einen eigenen hat man nicht mehr.

Vitalkraft: Die Kraftchakren sind ausgebrannt, da sind alle Reserven verbraucht. Herz- und Kehlchakra hingegen sind zumindest schwach aktiv im Versuch, auf emotionale Weise eine Kommunikation zu übermitteln. Die Kraftströme in den Arminnenseiten, die bittend zusammengelegten Handflächen wirken herbeiholend, ähnlich wie beim Interesse, nur eben viel schwächer.

TRAURIGKEIT

Die Story

Von Frau Friedrichs langer, flehender Rede hat Dewa kein Wort begriffen. Sicherheitshalber bleibt er im ihm bekannten formalen Rahmen, das würde ihn abdecken, falls später vom Management Fragen kommen sollten. Er ist dazu angestellt, Gästen Saft anzubieten, also tut er das auch: „Drink, madam?"

Da fällt Frau Friedrich in sich zusammen. Vor dem farbenprächtigen Panorama eines tropischen Sonnenuntergangs kniet sie schluchzend auf feinstem balinesischem Sand, den Kopf auf der Brust, mit zuckenden Schultern; das Gesicht mit den Händen bedeckt, beklagt sie ihren Verlust und weint bittere Tränen: Wie hat sie sich auf diesen Urlaub gefreut. Und wie schön hätte der werden können. Wenn bloß dieses hier nicht geschehen wäre. Dieses Entsetzliche. Dieses Unfassbare. Diese ständigen Drangsalierungen. Was für ein Traum es hätte werden können. Und was für ein Alptraum ist es geworden ... ! Wär sie doch Zuhause geblieben ... ! Was war´s da doch so schön: Frankfurt, der Main, Äppelwoi – wie schön diese Welt, aus der sie kommt, die Welt, wo ihre Freunde leben, ihre Eltern, ihre Kollegen. Wär sie doch nie von dort weg gereist!

Schluchzend und tränenüberströmt beklagt Frau Friedrich das entglittene Schöne und Gute, die entschwundene Vergangenheit, den nicht mehr zu verwirklichenden wunderbaren Zukunftstraum. Ihren Urlaub hat sie abgeschrieben; auf Bali sieht sie keine Zukunft mehr.

Merkmale von Traurigkeit

Gelingt es nicht, den Sieger gnädig zu stimmen und eine Nische zum Überleben in dessen Welt eingeräumt zu bekommen, dann ist der Verlust vollständig. Man hat sein Spiel verloren, eventuell sein Leben, schlimmer noch: seine Identität. Als Zuflucht bietet sich ein einziger Ort nur an - die eigene Innenwelt. Dort lässt sich noch Trost finden. Denn dort leben die Erinnerungen an das Schöne und Gute der Vergangenheit, dort liegen die nun begrabenen Vorstellungen einer strahlenden Zukunft. Sehnsüchtig beschwört man sie herauf, diese Bilder: wie schön es doch mal war; wie schön es hätte werden können. Und weil dies die einzige Heimat ist, die einem nun noch gestattet ist, malt man sich die Bilder oft weit glanzvoller und prächtiger aus, als sie in der Realität je waren oder hätten werden können.

Besonderes Kennzeichen von Traurigkeit ist die Verlagerung des Wahrnehmungsraums in die eigene geistige Innenwelt hinein; die Aufmerksamkeit strömt nach innen, zu den Erinnerungen hin. Erneut stoßen wir hier auf einen Wendepunkt im emotionalen Treppenhaus. Beim Gegner war kein Raum für einen, also musste man erneut eine Alternative suchen - und findet sie in sich selbst, im Geist, in der Welt von Erinnerung und Vorstellung. Die

Außenwelt wird zwar wahrgenommen, doch wie durch einen Filter. Man sieht sie nicht für das, was sie ist, diese Außenwelt, sondern immer im Vergleich zu dem Verlorenen. Man lebt in der Vergangenheit. Bedeutung und Wert der Gegenwart ermisst man allein an ihr: „Ja, das ist so wie damals..." Oder: „So ein rotes Auto wie das da drüben hatte mein verstorbener Mann auch." – „Damals, in der Heimat, da haben wir das noch ganz anders gemacht als hier die Leute." – „Die gute alte Zeit".

Typischer Grundgedanke: „Ich möchte zurück, zurück dahin, wo es schön war. Oder dorthin, wo es hätte schön sein können."

Erscheinungsbild: Wer einen Verlust hat, ist traurig. Und wer traurig ist, der weint. Man verbirgt das Gesicht und den ganzen Kopf in Händen und Armen, schließt die Augen, geht nach innen und lässt die Tränen fließen. Sind sie versiegt, so brütet man dumpf und melancholisch vor sich hin. Geistig lebt man im Damals, nicht im Jetzt.

Atmung und Stimme: Die Tränen strömen und dementsprechend auch der Atem. Die Einatmung ist stockend, die Ausatmung fließend. Weil die Kehle abgeklemmt ist, klingt die Stimme schluchzend.

Wahrnehmungsraum: Traurigkeit ist eine Strömung nach innen, parallel zum Strömen von Tränen und Atem. Der Wahrnehmungsraum ist groß – nach innen gerichtet zwar, aber groß. Er umfasst alles, was je war und je hätte sein können, all das Schöne, das es angeblich gab oder hätte geben können, alles, was einem entgangen ist.

Vitalkraft: Indem man den Kopf in Armen und Händen vergräbt und sich zur Brust hin zusammenrollt, entsteht aus der Kombination der Handchakren und der Innenarmströme ein Kraftfeld, welches sowohl das Stirnchakra aktiviert, das Chakra des Schauens, wie auch das Herzchakra. Damit werden Innenschau und emotionale Dynamik gefördert.

APATHIE

Die Story

Die Sache nimmt einen Verlauf, mit dem Dewa nie gerechnet hätte. Für Fälle wie schluchzenden Touristinnen hat er keinerlei Schulung erhalten. Was tun? Alles, was ihm in seiner Not einfällt, ist die Wiederholung des Üblichen: „Drink, madam?"

Da blickt Frau Friedrich auf, als erwachte sie wie aus einem trüben Schlummer. Sie schaut um sich. Auf seltsame Weise fühlt sie sich sowohl da wie auch nicht da. Um sie herum erblickt sie das Hier und Jetzt Balis, doch es bedeutet ihr nichts. Nichts bedeutet ihr noch etwas. Es gibt keine Vergangenheit. Keine Zukunft. Keine Identität namens Frau Friedrich, Angestellte in einem Frankfurter Supermarkt. Es gibt nur das Hier und Jetzt – und dieses Hier und Jetzt ist unwichtig, so unwichtig wie sie selbst. Völlig unwichtig. Tun und Lassen sind gleichermaßen unwichtig. Hinstreben, Wegstreben – beides unwichtig. Beides ausradiert, gelöscht aus ihrem geistigen Potential. Nichts existiert mehr. Nicht einmal sie selbst. Alles egal.

Drink? Ja. Nein. Ja. Egal. Warum? Warum auch nicht? Keine Geste des Annehmens. Keine des Ablehnens. Alles einerlei.

Dewa versucht es noch einmal: „Drink, madam?" Da nimmt Frau Friedrich das Glas entgegen. Und trinkt. Es bedeutet ihr nichts. Alles einerlei, alles ist gleichgültig. Sie hat keinen Willen mehr, keine Meinung, keine Bedürfnisse, keine Absichten.

Merkmale von Apathie

Ohne jeglichen Kommentar nimmt Frau Friedrich den Mangosaft an. Ihr Geist ist stumpf, ihr Wille gebrochen. Ist einem nicht einmal mehr der persönliche Erinnerungsraum vergönnt, entsteht eine umfassende, eine totale Ausweglosigkeit, ein völliger Mangel an persönlichen Orientierungspunkten. Wunsch und Wille, Erinnerung und Vorstellung, Vergangenheit und Zukunft - alles ohne Belang. Allein die Gegenwart bleibt einem. In dieser hat man nichts zu wollen und niemand zu sein. Es kommt nicht mehr auf einen an, auf nichts kommt es überhaupt noch an. Kein Ziel, kein Streben, keine Absicht, keine Verantwortung. Und keine Verletzbarkeit! Denn wer nicht existiert, den kann man nicht verletzen.

Diesen Zustand nennt man Apathie, zu Deutsch Teilnahmslosigkeit, Antriebslosigkeit, Gefühllosigkeit. Das griechische Wort pathos bedeutet Fühlen wie auch Leiden. Apathie, wörtlich übersetzt, ist die Abwesenheit von Leiden und Fühlen. Das Gegenteil davon wären Mitleid, Mitgefühl, Empathie, ganz oben auf der Emotionsleiter bei liebendem Interesse. Für solche hochschwingenden Regungen hat Frau Friedrich indessen keine Kraft mehr. Ihr Gemüt ist unbeweglich, wie abgestorben, tot, apathisch.

Wer in den Zustand der Apathie gerät, für den gibt es kein Handlungsmotiv mehr. Er hat nichts mehr, für das es sich zu leben lohnte. Oft drückt sich diese Unfähigkeit zu fühlen und zu handeln aus in Zynismus und Miesmacherei. In drastischen Fällen, etwa nach massiven Schicksalsschlägen, vegetiert der Betreffende dahin wie ein pflanzlicher Organismus, von Augenblick zu Augenblick, allenfalls die körperlichen Bedürfnisse zählen noch. Und irgendwann nicht einmal mehr sie: Hitze, Kälte, Hunger, Durst, Stuhlgang - bedeutungslos. Keine Vergangenheit. Keine Zukunft. Niedergedrückt und ausgebrannt fühlt man sich. Im modernen Sprachgebrauch ausgedrückt, leidet man unter Depression und Burnout.

Typischer Grundgedanke: „Alles egal. Läuft doch alles aufs Gleiche raus."

Erscheinungsbild: Die Muskeln sind schlaff und spannungsarm. Man „hängt herum", ohne irgendwas zu tun oder auch nur tun zu wollen. Wo man herumhängt, ist einem letztlich egal; ob im deck chair eines Luxushotels oder auf einem Haufen Müll unter der Brücke – egal.

Atmung und Stimme: Atmung wie auch Stimme sind flach, kraftlos, tonlos. Meist ist die Stimme schleppend und müde in einer quengelnden Tonlage.

Wahrnehmungsraum: Apathie hat weder Strömung noch Streuung oder Stau, denn jegliche Dynamik ist erloschen; genau das ist das Kennzeichen von Apathie. Ziellos schweift die Aufmerksamkeit umher; an nichts bleibt sie hängen. Nichts kümmert einen. Der Wahrnehmungsraum ist extrem geschrumpft. Er geht über die unmittelbare Umgebung nicht hinaus. Weder geistige Zukunftshorizonte noch eine geistige Erinnerungswelt kommen einem in den Sinn. Null Vergangenheit, null Zukunft. Was bleibt, ist das Hier und Jetzt der Gegenwart.

Vitalkraft: Sie fließt in normalen Bahnen, ist aber von kaum spürbarer Schwäche.

PARANOIA (SCHEINWELT)

Die Story

Die Sonne ist untergegangen, es wird dunkel. Gäste und Personal ziehen sich auf die Terrassen ihrer Hotels zurück, um bei einem Kokosnuss-Drink die abendliche Wärme zu genießen. Auch Dewa zieht kopfschüttelnd von dannen. Frau Friedrich sitzt allein am Strand, ein Glas Mangosaft neben sich. Irgendwann rappelt sie sich auf, schleppt sich über den Sandstrand zur Veranda. Kraftlos zieht sie sich Stufe um Stufe am Geländer hoch; geschlagen sinkt sie aufs Bett.

Am nächsten Morgen erwacht sie wie aus einem Albtraum. Das gestrige Erlebnis in Erinnerung zu rufen, es gar gedanklich zu verarbeiten, gelingt ihr nicht. Alles ging zu schnell, kam zu unerwartet, nahm zu viele unvorhergesehene Wendungen. Frau Friedrich steht unter Schock, ihre Gedanken funktionieren nicht wie gewohnt.

Bis zu ihrem Rückflug sind es noch vierzehn Tage. Die ganze Zeit über ist sie wie abwesend. Zwar freundet sie sich oberflächlich mit einigen der Gäste an und absolviert die Tagesroutine von Schlafen, Essen, Strand, Bar, Entertainment, doch ohne jegliche Freude und Anteilnahme. Das Geschehnis des Ankunftstages sitzt ihr in den Knochen, deswegen geht alles an ihr vorbei.

Wieder zu Hause, erwähnt sie den nebulösen Vorfall mit keinem Wort. Zwar weiß sie im Groben, was zwischen ihr und Dewa ablief, die Details jedoch hat sie schon seit jenem ersten Erwachen nach dem Ankunftstag regelrecht aus ihrem Bewusstsein verdrängt. Von Kollegen auf ihren Urlaub angesprochen, sagt sie: „Ach ja, war recht hübsch da. Aber da war mal was mit einem Kellner, das hat's mir ganz schön vermiest." Spricht man sie aber nachdrücklicher darauf an, kann sie richtig in Fahrt kommen: „Also wenn's nach mir ginge, ich würde das bei denen ganz anders aufziehen. Die sollten auf Bali mehr deutsche Fachkräfte im Servicebereich haben. Ich werde mich an den Außenminister wenden oder an den Wirtschaftsminister und denen mal klarmachen, was den deutschen Urlauber im Ausland so alles erwartet. Beine machen würde ich denen, dass die mal in die Gänge kommen. Mein Bruder ist bei VW im Betriebsrat, der ist so gut wie voll drin in der Politik. Der wird das an die Gewerkschaft weitergeben. Dann holen wir noch die SPD ins Boot; schließlich bin ich SPD-Wählerin. Wollen wir doch mal sehen, ob wir nicht auf Bali andere Zustände hinkriegen. Und wenn ich erst mal im Vorstand des Bali-Sonderkomitees bin, werde ich das Servicepersonal da unten aber ordentlich auf Vordermann bringen, da könnt ihr euch drauf verlassen."

Frau Friedrich bekommt einen roten Kopf, so sehr ereifert sie sich. Ihre Kollegen sind beeindruckt. Zwar wirkt sie manchmal ein bisschen übertrieben, aber immerhin, sie denkt in größeren Dimensionen als je zuvor. Ihr Urlaub scheint sich gelohnt zu haben. Nach und nach aber wird den Kollegen klar, dass den großen Worten keine Taten folgen. Bald zwinkert man sich hinter ihrem Rücken zu: „Alles heiße Luft."

Merkmale von Paranoia

Mit der Apathie haben wir den emotionalen Keller erreicht. Tiefer geht es nicht. Doch ist dieser Zustand nicht auszuhalten. Für längere Zeit in völliger Apathie dahinzuvegetieren, ist dem Menschen nicht möglich. Als ein mit Geist ausgestattetes Wesen will er schöpferisch wirken, will kreativ gestalten. Er kann nicht anders; es ist seine Natur. Kreativität aber führt zu Schicksalsschlägen, Frustration und Vernichtung. Hat Frau Friedrich das nicht gerade erlebt? Begeistert war sie gewesen, und gestraft wurde sie dafür. Das Leben selbst hat sie gestraft. Ohne das geringste Verschulden ihrerseits. Ja, so war das.

Was lernt man daraus? Dass Kreativität in der wirklichen Welt gefährlich ist. Für die Welt der Phantasie, das Reich der Träume, gilt dies indessen nicht. Die Gedanken sind frei, sie dürfen ihre Wege gehen. So kommt es, dass Frau Friedrich nun ihre geistige Innenwelt zum Spielfeld erhebt. Ein weiteres Mal musste sie, einer Bedrohung entfliehend, einen alternativen Lebensraum suchen - und findet ihn in der Illusion, der Selbsttäuschung.

Wer gescheitert ist, träumt trotz aller Apathie doch noch seine Träume. Diese aber sind beheimatet in einer fantasierten Welt, denn an die wirkliche Welt traut er sich nicht mehr heran. Das tut einfach zu weh. In seiner Phantasie hingegen ist alles machbar, da schreibt er sich Positionen, Rollen, Ämter und Funktionen zu, die er niemals hatte noch je hätte haben können. Regelrechte Wahnideen bringt der Betreffende hervor, oft unter Beihilfe von Fluchthelfern wie Alkohol und Drogen.

„Wahn“ geht auf das alte deutsche Wort „wan“ zurück, das so viel wie „leer“ bedeutete (im Englischen ist wan noch heute als „schwach“ in Gebrauch). Weiterhin steckt in „wan“ das heute selten gewordene „wähnen“, was so viel bedeutet wie „annehmen, vermuten, glauben“, etwa: „Ich wähnte dich im Ausland, und da treff ich dich hier in der Kneipe!“

Wahnsinnig würde man daher jemanden nennen, der „leeren Sinnes“ ist, jemanden, der auf übersteigerte Weise vom Glauben lebt, insbesondere vom Glauben an nicht beweisbare Welterklärungen, globale politische Finsterlinge und galaktische Machenschaften. Der modernere Ausdruck dafür ist „Paranoia“, was „ähnlich wie Vernunft“ bedeutet (aus dem Griechischen abgeleitet). Diese Bezeichnung trifft insofern den Kern der Sache, als ein Paranoider zumeist nicht mit Schaum vor dem Mund um sich schlägt, sondern im Gegenteil äußerst ruhig, vernünftig und überzeugend wirkt – eben „scheinvernünftig“ -, während er seine abstrusen Glaubenssätze predigt.

Umgangssprachlich heißt „der ist ja paranoid“ so viel wie: der wittert hinter jeder Ecke eine Gefahr; der meint, sie sind hinter ihm her. Doch nicht nur als Verfolgungswahn zeigt sich Paranoia. Sie kann auch als Liebeswahn und in manch anderer Form auftreten, insbesondere als Größenwahn. Gerade da verblüfft immer wieder, wie umsetzbar die Vorstellungen eines Paranoiden erscheinen. Sie stellen sich rational, logisch und ausführbar dar. Deswegen vermag ein Paranoider so überzeugend zu wirken, Menschenmassen zu begeistern, ganze Völker mitzureißen. Weltverbesserung ist die glorreiche Absicht. Die Führer, die Prediger, sie wollen die Welt verbessern, entweder indem sie alle glücklich machen, die auf ihrer Seite stehen, und alle zur Hölle schicken, die ihnen nicht in den Kram passen. Leider spürt das faszinierte Publikum solcher Redner nicht oder nur zu spät, dass das alles nur heiße Luft ist, Größenwahn eben. Die Geschichtsbücher sind gespickt mit solchen „Führern“.

Ein Paranoider begeht übrigens keineswegs die Betrügereien eines Hochstaplers. Der vom Wahnsinn Besessene will sich nicht durch Täuschung einen Vorteil erschleichen, vielmehr ist er auf seine Weise grundehrlich und integer: denn er glaubt fest und unerschütterlich an seine Welt. Völlig unreflektiert ersetzt er die reale Welt durch seine Illusionswelt, und zwar mit solcher Logik, dass Tausende darauf hereinfallen. Bevölkert ist diese Wahnwelt von Verschwörern, die den Weltuntergang planen, von übersinnlichen Mächten und bedeutungsschweren Mysterien, von aufgestiegenen Meistern, Schutzengeln und weißen Rittern, aber auch von fabelhaften Beziehungen in höchste Kreise hinein. Jeder bevölkert seine Scheinwelt auf seine eigene Weise.

Typischer Grundgedanke: „Wenn's nach mir ginge ...!"

Erscheinungsbild: Der Betreffende liebt es zu predigen. Er redet ohne Unterlass. Für alles hat er eine Lösung, eine Erklärung, eine Optimierung. Seine Gesten sind groß, weit und kraftvoll. Im Extrem entspricht sein Auftreten dem Klischee eines religiösen oder ideologischen Fanatikers. Gleichwohl zeigen sich Selbsttäuschungen auch in kleinerem Maßstab - etwa darin, dass man vor sich selbst angibt und seine Angeberei sogar glaubt; dass man von dieser oder jener Schlankheitskur überzeugt ist wie auch davon, die letzten fünf Kilo demnächst „wirklich" abgespeckt zu haben (und dies jedermann auf die Nase bindet); dass man den Halbmarathon „wirklich" bald angegangen haben wird. Dafür, dass diese Dinge niemals eintreten, hat der Betreffende jeweils fabelhaft einleuchtende Erklärungen parat.

Atmung und Stimme: Die Betonung liegt auf der Raum schaffenden Ausatmung. Die Stimme ist laut, tragend und beschwörend.

Wahrnehmungsraum: Paranoia ist eine Streuung. Ein Paranoider geht vollkommen in seiner Scheinwelt auf. Für nichts anderes hat er mehr Zeit. Sein Raum kann riesige Dimensionen einnehmen, die ganze Welt umfassen, den ganzen Kosmos. Die Zukunft erscheint ihm glorreich und unendlich.

Vitalkraft: Die unteren drei Chakren pulsieren, alle Kräfte fließen in größter Stärke. Feuerflammen schießen durch seine Glieder. Emotionale Wallungen gehen von ihm aus (4. Chakra), er spricht mit Engelszungen oder Donnerstimme den Menschen ins Herz (5. Chakra); er schaut die Zukunft (6. Chakra); mit Gott steht er auf du und du (7. Chakra).

Genie oder Wahnsinn?

Die Parallele zur Emotionsstufe Begeisterung ist auffällig. Was ist der Unterschied zwischen beiden? Gegen eine Verbesserung der Welt wäre schließlich nichts einzuwenden; dazu beizutragen, dass die Menschen glücklicher sind - wer könnte etwas dagegen haben? Genau davon aber redet dieser überdrehte Zeitgenosse dort auf dem Podium oder auf dem Bildschirm. Wieso überdreht? Was gibt uns das Recht, ihn überdreht zu nennen und ihm Paranoia zu attestieren? Wer wollte das beurteilen? Handelt es sich vielleicht in Wirklichkeit um ein Genie? Ein Genie, das bei niemandem Gehör findet, weil seine Ideen der Zeit weit voraus sind? Tun wir hier jemandem Unrecht?

Genie und Wahnsinn sind in der Tat nicht immer leicht auseinander zu halten. Zum Erscheinungsbild beider Zustände gehören beispielsweise glühende Augen und sprühende Leidenschaft, was ja nicht immer auf Wahnsinn schließen lässt, vor allem dann nicht, wenn die gepriesenen Projekte tatsächlich realisiert werden. Schwieriger wird es beim lauten Sprechen mit unsichtbaren Gestalten, seien es Dämonen oder Engel. Die Propheten und Erleuchteten aller Glaubensrichtungen, ob Moses, Jesus, Mohammed, die christlichen und hinduistischen Heiligen, sie alle sahen sich in enger Verbindung mit immateriellen Wesen und sprachen laut mit ihnen. Auch der als psychoanalytisches Genie gefeierte C. G. Jung unterhielt sich mit seinen Geistern. Offenbar beruht nicht jeder Dialog mit unsichtbaren Wesen auf krankhafter Halluzination.

Bei der Beurteilung, ob Genie oder Wahnsinn, hilft es, Vision und Illusion auseinander zu halten. Eine Vision ist eine geistige Schau, die sich verwirklichen lässt (von lat. videre, schauen). Im Unterschied dazu beruht die Illusion auf falschen Voraussetzungen und unrealistischen Rahmenbedingungen, weswegen sie nicht in die Tat umzusetzen ist. Im Zustand der Paranoia begegnen uns keine Visionen, sondern unrealistische Illusionen. Nicht umsonst bedeutet das Wort Illusion „schlechtes Spiel", von lat, il, schlecht und ludere, spielen, spotten, täuschen.

„Gesundheit und ein langes Leben für alle" ist eine nachweislich realisierbare Vision. Das zeigen seit alters her die Beispiele vieler Menschen und die realen Fortschritte der medizinischen Versorgung. Die *„ewige Jugend"* hingegen ist eine Illusion. Visionen bringen die Menschheit voran, Illusionen sind eine Selbsttäuschung und führen zwangsläufig zur Enttäuschung.

Dennoch empfiehlt sich bei der Zuweisung *„Genie"* bzw. *„Wahnsinniger"* größte Vorsicht. Schon mancher Wissenschaftler oder Künstler war seiner Zeit voraus, wurde zu Lebzeiten verkannt und verstarb in Armut, um schließlich zu seinem 100. Todestag als Menschheitsretter gefeiert zu werden. Beispielsweise machte der Wiener Gynäkologe Phillip Semmelweis 1851 den klugen Vorschlag, die Herren Ärzte möchten sich doch vielleicht Blut, Schleim und Eiter von Händen und Kittel wischen, bevor sie von einer Operation zu einer Entbindung schreiten. Doch wiewohl diese medizinische Novität die Neugeborenen-sterblichkeit wie auch die Gebärenden-sterblichkeit um mehr als 50% senkte, wurde Semmelweis Zeit seines Lebens dafür angefeindet, den Kollegen zugemutet zu haben, sich die Hände zu waschen. Als der Archäologe Schliemann Homers Epen für historisch aussagekräftig erklärte, lachte man ihn aus, bis er schließlich Troja ausgrub und allen eine Nase drehte. Johann Sebastian Bach wurde als bloßer musikalischer Handwerker nach seinem Tod schleunigst vergessen und gelangte erst nach seiner Wiederentdeckung Jahrhunderte später zum gebührenden Ruhm. Wie es mit Luther war und Galileo, dürfte bestens bekannt sein. Man muss einfach abwarten, bevor man urteilt. *„An ihren Früchten sollt ihr sie erkennen"*, wie es so richtig heißt (Matth. VII,16). Kurz, man täte gut daran, kein vorschnelles Urteil zu fällen.

• DIE LOGIK DER EMOTIONEN •

LIEBE, MITGEFÜHL, BEDAUERN

Wie konnte es zur Bali-Tragödie kommen?

Keiner der beiden Akteure hatte böse Absichten, weder Dewa noch Frau Friedrich – und doch kam es zum emotionalen Absturz. Wie ist das möglich? Wieso konnte dieser Bali-Urlaub so unglücklich verlaufen? Weil keiner der beiden Beteiligten auf seinen Gesprächspartner achtete, auf dessen Befindlichkeit und Absichten. Es fehlte an Achtsamkeit und Einstimmung. Ebenso fehlte es an einer angemessenen Bestätigung des anderen, an Würdigung. Schlicht gesagt, fehlte es an Liebe, an Liebeskraft.

Liebe ist die unabdingbare Voraussetzung für erfolgreiche Kommunikation. Liebe bedeutet, jemanden zu nehmen, wie er ist, und ihn trotz allem gern zu haben, selbst wenn er sich gelegentlich mal wie ein rechter Kotzbrocken benehmen sollte. Jeder Mensch ist eine strahlende Sonne. Klar, es können sich mal Wolken davor schieben. Aber man sollte nie vergessen: hinter der Wolkendecke, egal wie dick und düster sie gerade sein mag, ist immer eine Sonne. So sehr dies wie eine Moralpredigt klingen mag, ist es doch einfach nur praktisch gedacht. Man kann nicht alle dauernd lieben, das ist klar. Aber dass es mit Liebe besser geht als ohne, dürfte auch klar sein.

Liebe ist keine Emotion

Was manchen erstaunen mag: Liebe ist keine Emotion, sondern eine ethische Grundhaltung. Liebe hat nichts mit Verliebtheit, Sex und Besitzenwollen zu tun, sondern kennzeichnet sich durch Achtung und Rücksichtnahme. Wer sein Heimatland liebt, seine Kinder oder seinen Beruf, steht dazu weder in einer verliebten noch in einer besitzergreifenden Beziehung, vielmehr fühlt man sich verantwortlich für deren Gedeihen. Seine Haltung ist eine fördernde und fordernde. Wer liebt, denkt an die anderen, nicht an sich selbst. Er ist selbstlos.

Weil Liebe eine ethische Grundhaltung ist, wird sie auf der Emotionsleiter nicht erwähnt. Gleichwohl speisen sich aus ihr unterschiedliche Emotionen wie Freude, Interesse und Wohlwollen. Verliebtheit hingegen ist ganz klar eine Gemütswallung. Sie entspricht einem fixierten Interesse, häufig mit begleitenden erotischen Absichten.

Ohne Gelassenheit kein Mitgefühl

Mitgefühl bedeutet: Anteil nehmen, sich einschwingen, sich auf etwas einlassen, sich vom Leid nicht einschüchtern lassen, sondern mehr erfahren wollen, trösten, Mut machen, Raum geben. Den eigenen Wahrnehmungsraum so groß machen, dass das Gegenüber mitsamt seiner (vielleicht heftigen) Emotion hineinpasst. Mitschwingen, ohne überwältigt zu werden. Ein anderes Wort dafür ist Empathie. Auf der Emotionsleiter findet sich Mitgefühl auf der Stufe Interesse.

Gelassenheit ist die alleinige Voraussetzung für Mitgefühl. Gelassenheit bedeutet keineswegs, permanent vor sich hin zu strahlen und wie eine rosarote Seifenblase durch die Gegend zu schweben. Vielmehr ist Gelassenheit so etwas wie ein inneres Lächeln. Selbst wenn man äußerlich schwitzt und schnauft, flucht und schimpft, kann Souveränität dessen ungeachtet ungebrochen gegeben sein. Trotz allen Engagements von Körper, Geist und Seele verbleibt im innersten Selbst weiterhin ein gelassenes Lächeln.

Bildhaft gesprochen ist Gelassenheit wie der blaue Himmel, die Gemütsbewegung wie Wind und Wolken. Der Wind kann stark sein oder schwach, die Wolken dick oder zart, schnell oder langsam - jenseits all dieses Treibens von Wolken und Wind wölbt sich ewig heiter und gelassen der blaue Himmel. Ihn kann nichts erschüttern.

Emotionen unter Wahrung von Gelassenheit zu erleben und auszudrücken, das ist wahre Lebenskunst. Einfacher gesagt: man darf den Humor nicht verlieren. Wer auch die rauen Seiten des Lebens mit Anteilnahme zu betrachten weiß, ohne dabei seine Gelassenheit zu verlieren, verfügt über natürliches Mitgefühl. Er kann sich angstfrei und ehrlich jemandem widmen, dem es schlecht geht.

Gelassenheit heißt: man nimmt die Dinge, wie sie kommen. Man bewältigt sie nach bestem Wissen und Gewissen im Einklang mit den jeweiligen Anforderungen. Trotz aller Dynamik verbleibt man durchgängig in einem spannungsfreien Zustand. Man macht sich durchlässig, statt sich zu verschließen. Man öffnet sich für Wahrnehmungen, ohne diese festzuhalten. So bleibt nichts an einem haften, und nichts kann auf einen zurückfallen. Man lagert keine unverarbeitet gebliebenen Erlebnisse ein, die sich später durch irgendwelche Auslöser wieder einschalten könnten. Man lebt sozusagen rückstandsfrei. „Erschaffen und nichts dafür fordern, tun ohne Anerkennung, führen ohne sich einzumischen, das ist höchste Tugend", sagt Lao-tzu im Dao-de-jing (Vers 51).

Mitleiden ist die intensivere Form des Mitgefühls; schließlich bedeutet „Empathie" sowohl Mitfühlen wie auch Mitleiden. In einen alten Pferdebrunnen am Rhein eingemeißelt stand zu lesen: „Der mitleidige Mensch ist der bessere Mensch. Was uns mitleidig macht, macht uns besser und tugendhafter."

Wer mitfühlt, bewegt sich im emotionalen Bereich, wer mitleidet, auch im somatischen. Auch das körperliche Empfinden eines Menschen oder Tieres lässt sich nachvollziehen und teilen. Während der telepathischen Einstimmung auf einen Leidenden ist nicht immer vermeidbar, dass auch der eigene Körper buchstäblich in Mitleidenschaft gezogen wird. So etwa kann man den Kopfschmerz oder das Bauchweh einer geliebten Person am eigenen Leib spüren. Um Leiden zu lindern, muss man daher fähig und willens sein, es anzunehmen und durch sich hindurch gehen zu lassen. Dieses buchstäbliche

Mit-leiden ist keineswegs gefährlich, solange man dafür sorgt, dass nichts an einem haften bleibt - womit wir wieder bei der Gelassenheit als Voraussetzung wären. Wer über sie verfügt, wer einen solch großen Raum zur Verfügung stellt, an dem bleibt nichts haften. Wer sich panzert, an dem schon.

Bedauern hilft niemandem

Im Mitgefühl und Mitleid begleitet man jemanden emotional, jedoch ohne dabei die eigene Position zu verlieren. Um das Bild vom blauen Himmel zur Veranschaulichung aufzugreifen: Im Mitgefühl nimmt man an der Bewegung von Wind und Regenwolken teil, die den Gesprächspartner bedrücken, man selbst aber bleibt unverändert in Kontakt mit dem blauen Himmel. Nur so lässt sich wirkungsvoll praktischer Beistand leisten. Man verbleibt in einer aktiven, ursächlichen Position, in der Position des Machers. Beim Bedauern hingegen besteht die Gefahr, dass man in die Position des Opfers hineinrutscht. In diesem Augenblick gibt es auch für einen selbst nur noch Regen und Wind. Man spürt ganz wie das Opfer, vergisst den blauen Himmel und wird selbst zum Opfer. Damit hat man sich mit dem Opfer identifiziert. Identifizieren bedeutet „eins werden mit etwas oder jemand".

Ein Gleichnis: Ein Kind ist in einen Brunnen gefallen. Zum Glück ist kein Wasser drin, sondern ein Haufen feuchten Laubs; das Kind ist unverletzt. Wollten Sie ihm wirkungsvoll helfen, so würden sie kurz weggehen, um ein Seil zu besorgen. Zurückgekehrt, würden Sie in das Seil eine Schlinge knüpfen und es vom Brunnenrand hinunter in die Tiefe lassen; das Kind würde in die Schlinge steigen; Sie würden es hochziehen. In Ihrer Position oben am Brunnenrand liegt Ihre Stärke.

Packte Sie beim Schreien des Kindes aber das Bedauern, so würden Sie in den Brunnen springen, um das Kind zu trösten. Dann würden beide hilflos im Brunnenschacht sitzen. Die starke Position oben am Brunnenrand aufzugeben, wäre demnach keine gute Idee gewesen.

Oben am Brunnenrand stehend haben Sie an der Not des Kindes Anteil genommen und sinnvolle Maßnahmen ergriffen. Das entspricht dem Mitgefühl. Kopflos in den Brunnen springen und dadurch selbst hilflos werden entspricht dem Bedauern. Es mag edel gedacht sein, doch es schadet mehr, als es hilft, dem Opfer ebenso wie Ihnen als Co-Opfer. Bei aller Anteilnahme sollte man sich niemals ins Bedauern hinunterziehen lassen; niemand hätte etwas davon.

DIE EMOTIONSLEITER AUF EINEN BLICK

Am Beispiel von Frau Friedrich wurde eine Stufenfolge von Emotionen dargestellt, die Emotionsleiter. Sie gliedert sich in sechs Zonen. Deren jede umfasst eine Anzahl von Stufen. Für jede Stufe ist angegeben, ob es sich um eine Strömung handelt, eine Streuung oder einen Stau.

Die Emotionsleiter

Zone 1	Ohne Dynamik (jenseits des „Spiels")	**Heitere Gelassenheit**	Gewissheit, alles ist möglich
Zone 2	Dynamik des Annehmens (Freund sein)	**Begeisterung**	kraftvolle Streuung
		Freude	umstrudelnde Strömung
		Interesse, Anteilnahme, Mitgefühl	herbeiziehende Strömung
		Wohlwollen, Zufriedenheit	Streuung
		Desinteresse	Strömung „woanders hin"
		Langeweile Angeödetheit, Genervtheit	schwache Streuung

Zone	Dynamik	Gefühl	Strömung
Zone 3	Dynamik des Ablehnens (Gegner sein)	**Trotz, Widerspenstigkeit**	Stau
		Empörung	pulsierender Stau
		Zorn	Stau
		Wut	fortschiebende Strömung
		Grimm	innerer Stau
		Ärger	explosive Streuung
		Hass	herbeiziehende Strömung
		Hinterhältigkeit	umstrudelnde Strömung
		Groll	schwache Strömung (Bezugspunkt ist in der Vorstellung!)
Zone 4	Dynamik des Rückzugs (Opfer sein)	**Furcht, Angst**	starke Strömung zu einem Fluchtpunkt hin
		Panik, Kopflosigkeit	Streuung
		Entsetzen	Stau
		Verzweiflung	Streuung, Wegströmen in alle Richtungen
		Unterwürfigkeit, Anbiederei	umstrudelnde Strömung zum Sieger hin
		Traurigkeit, Gram	Strömung nach innen, zu Erinnerungsbildern hin
Zone 5	Ohne Dynamik (nach der Niederlage)	**Apathie, Resignation**	Gewissheit, nichts ist mehr möglich
Zone 6	Imaginäre Dynamik	**Paranoia**	Streuung - Alles scheint möglich

EMOTIONALE WENDEPUNKTE

Im Verlauf der Emotionsleiter gibt es deutliche Abschnitte, die wir in dem Schaubild oben als „Zonen" bezeichnen. Sie entstehen im Zusammenhang mit bestimmten Wendepunkten in einer Beziehung. Jeder dieser Wendepunkte ist durch eine Änderung der Bewegungsrichtung charakterisiert.

Zone 1: Heitere Gelassenheit, vollendetes Akzeptanzvermögen

Bevor Frau Friedrich von ihrem Hauptgewinn im Preisausschreiben erfuhr, war ihr Bali über die viele Werbung dafür natürlich bereits ein Begriff. Eine Reise dorthin oder an ähnlich exotische Orte hielt sie grundsätzlich für möglich, würde das aber für sich selbst nicht ernsthaft in Betracht gezogen haben. Zu weit weg. Zu teuer. „Wäre echt schön, wenn. Aber geht auch ohne." In ihrem Wohnzimmersessel sitzend träumt sie vor sich hin und befindet sich angesichts der Fülle an Möglichkeiten in einem Zustand gelassener Heiterkeit. Ein definitives Streben ist nicht gegeben. Frau Friedrich befindet sich noch jenseits des Spiels namens Bali-Urlaub.

Damit haben wir einen von drei Aspekten der emotionalen Zone 1 beschrieben, nämlich den seelischen Zustand, „bevor es losgeht", bevor man etwas von seinem Glück erfährt oder selbst einen tollen Einfall hat. Man ahnt noch nichts von dem Spiel, das die Zukunft für einen bereithält. Hier Gelassenheit zu wahren ist noch einfach.

Weit schwerer ist es, mit Gelassenheit jenseits des Spiels zu bleiben, sobald sich einem enthüllt, was die Zukunft für einen bereit hält, sei es gut oder schlecht. Das ist eine große Anforderung an das Akzeptanzvermögen, wenn nicht die größte überhaupt. Es bedeutet, sich angesichts der Zukunft zu freuen oder zu grausen, je nachdem, sich aber von der Emotion nicht packen zu lassen, sondern trotz allem Gelassenheit zu wahren. Es bedeutet, bei sich selbst zu bleiben, größer zu sein als die Emotion. Sowohl angesichts des Schönen wie auch des Schrecklichen emotional mitzugehen und dennoch gelassen zu bleiben, ist das Kennzeichen vollendeten Akzeptanzvermögens.

Gleiches gilt für den dritten Aspekt von Zone 1, der emotionalen Fluktuation während des laufenden Spiels oder Projektes. Unfallchirurgen, Feuerwehrleute und Soldaten, um nur einige zu nennen, müssen über ein hohes Niveau von Akzeptanzvermögen verfügen, um ihren Dienst zu verrichten. Verlören sie ihre Gelassenheit, wären sie nicht mehr einsatzfähig.

In der praktischen Anwendung bedeutet das: keine der unteren emotionalen Zonen und Stufen kann einem gefährlich werden, solange man es fertig bringt, gleichzeitig in Zone 1 zu verbleiben. Weil es in Zone 1 weder ein Hin- noch ein Wegstreben gibt, sondern nur reines Sein, entsteht hier keinerlei emotionale Dynamik.

Zone 2: Annehmen, Freund sein

Zone 2 beginnt mit Begeisterung, mit uneingeschränktem, bedingungslosem Annehmen. Dieser Modus des Annehmens ist für alle Stufen dieser Zone charakteristisch. Man ist dafür, man ist ein Freund. Auf die Angebote des Lebens reagiert man mit Annehmen. Diese positive Haltung wird zwar von Stufe zu Stufe schwächer, doch selbst bei Desinteresse versucht man noch, den Partner anzunehmen und ihn rücksichtsvoll zu behandeln. Die schwächste Form des Annehmens zeigt sich in der Langeweile, Genervtheit und Angeödetheit. Da ist man zwar nicht mehr dafür, aber ausgesprochen dagegen ist man auch nicht.

Zone 3: Ablehnen, Gegner sein

Akzeptanzbereitschaft endet mit der Notwendigkeit, eine Grenze zu ziehen. Ein Wendepunkt ereignet sich hier: aus Annehmen wird Ablehnen. Das geschieht im Trotz. Trotz markiert den Anfang von Zone 3. Als oberste Stufe dieser Zone, sozusagen als Einstiegsemotion, ist der Trotz kraftvoll, ähnlich wie auch die Begeisterung als Einstiegsemotion zu Zone 2 kraftvoll war. Einstiegsemotionen sind immer kraftvoll. Die Kraft, die sie erfüllt, verbraucht sich im Verlauf der Zone und wird immer schwächer. Zone 2 beginnt kraftvoll mit Trotz und schwächt sich im Verlauf der Zone zum Groll ab.

Der Trotz ist dem real existierenden Bezugspunkt in massiver Konfrontation zugewandt, der Groll hingegen wendet sich im Selbstgespräch nach innen - zwar mit aggressiver Absicht, aber eben nach innen. Hier existiert der Bezugspunkt nur noch in imaginärer Form. Die Auseinandersetzung verlagert sich in die eigene Vorstellungswelt. Damit ist der Groll die Schwelle zur nächsten emotionalen Zone, dem Rückzug.

Zone 4: Rückzug

In den Zonen 2 und 3 war man Täter (hier neutral verstanden als Tuender oder Handelnder), mit Eintritt in Zone 4 wird man zum Opfer. Man war der Aktive, nun wird man zum Passiven. Anfangs kannte man seine Position und war bestrebt, sie möglichst lange aufrecht zu halten. Als sich der Gegner jedoch übermächtig zeigte, blieb nichts anderes übrig, als diese Position aufzugeben. Indem man die Flucht ergreift, wird man vom Täter zum Opfer. Damit sind wir in Zone 4 angelangt. Denn diese Flucht, dieses vollständige Sich-Abwenden ist ein Wendepunkt. Vorher wollte man hin zum Bezugspunkt, erst als Freund, später als Feind, nun aber will man fort von ihm.

Zwar wandte man sich schon im Ärger (Zone 3) momentan vom Bezugspunkt ab, doch war das noch lange kein endgültiger Rückzug. Denn nach Verpuffen des Ärgers näherte man sich dem Bezugspunkt wieder und probierte es noch einmal. Soviel Kraft hatte man da schon noch. Hier aber, in der Zone des Rückzugs, ist diese Beharrlichkeit aufgezehrt. Als einzige Lösung bleibt, dem Bezugspunkt den Rücken zuzukehren und zu fliehen.

Misslingt die Flucht in der realen Außenwelt, so setzt man den Rückzug nach innen hin fort und verkriecht sich in seiner imaginären Innenwelt, der Erinnerungswelt. Für die Gestaltung und Veränderung der Außenwelt bleibt nur wenig Kraft. Mit der Traurigkeit ist die unterste Stufe der Zone 4 erreicht. Dort, tief innen drin, scheint die Rettung zu liegen. Was auch stimmt, jedenfalls solange, wie einem nicht auch die Erinnerungen genommen werden. Falls man sie überhaupt anzusehen bereit ist. Falls man sie vor lauter Wehmut oder gar Grausen nicht selbst wegschiebt.

Zone 5: Aufgeben

Manche Erinnerungen, zum Beispiel an Kriegserlebnisse, sind zu schrecklich, als dass man sie sich vor Augen führen möchte. So schrecklich sind sie, dass man selbst vor seinen inneren Bildern noch flieht. Ihr Horror kann so übermächtig sein, dass schöne Erinnerungen keine Chance gegen sie haben. Wenn jedoch das Schreckliche das Schöne überlagert, bleibt nichts, wohin man sich noch zurückziehen könnte. Nicht einmal die Erinnerung bietet dann noch Trost.

Als weitere Variante könnten schöne Erinnerungen zwar zugänglich sein - sind aber verboten! Man darf nicht an sie denken. Es könnte sich jemand gestört fühlen dadurch, dass man an frühere, schönere Zeiten denkt. Vielleicht wird man sogar dafür bestraft. Weil man über diese Zeiten nicht sprechen darf, schlägt man sich nicht nur sie aus dem Kopf, als seien sie nie gewesen, sondern auch die damit zusammenhängenden Wünsche und Bedürfnisse.

Das mag übermäßig dramatisch klingen, kommt aber leider häufig genug vor. So etwa könnte ein neuer Lebenspartner eifersüchtig werden, wenn man die angenehmen Charakterzüge eines früheren Partners lobend erwähnt. Folglich wird von dem früheren Partner nicht gesprochen und am besten nicht einmal an ihn gedacht. Ganze Völker sind schon in Apathie gesunken, weil man ihnen die Beschäftigung mit ihrer Vergangenheit verwehrte, ihnen ihre Sprache, ihre Musik und ihre Sitten verbot.

Wird diese letzte Möglichkeit des Rückzugs unterdrückt, des Rückzugs nach innen in eine vergangene schöne Welt, so vollzieht sich damit der nächste Wendepunkt auf der Emotionsleiter: man gibt auf. Zone 5 ist charakterisiert durch Stillstand. Vom Opferzustand in Zone 4 geht es nun hinunter in die Zone der Apathie und Teilnahmslosigkeit. Jegliche Dynamik ist erstorben. Kein freundliches Hinstreben des Annehmens existiert mehr, kein feindliches Hinstreben des Ablehnens, nicht einmal mehr ein Wegstreben, ein Rückzug nach innen. Nichts. Als Aktionsplattform bietet sich allenfalls der Zynismus an: das kalte, gefühllose in Frage stellen und Zerreden von jeglichem Vorschlag oder Ereignis, ohne je selbst mit etwas Positivem aufzuwarten.

Zone 6: Scheinwelt

Einen solchen Nullzustand hält auf Dauer niemand aus. Deshalb schafft sich der Geist eine Scheinwelt. In diese imaginäre, illusorische Vorstellungswelt begibt er sich. Damit sind wir schließlich in die unterste Zone geraten, in die der Paranoia.

Hier begegnen wir zwar wieder einer beachtlichen Dynamik, doch sind die „großen Taten", die sich da einer zuschreibt, rein imaginär. Nie gemacht, bloß erdacht. Handfeste Ergebnisse wurden und werden nicht erzielt.

EMOTIONEN SCHNELL ERKENNEN

Indem wir Emotionen nach Art ihrer Dynamik aufteilten, kamen wir auf sechs Zonen. In nur drei von ihnen lässt sich Bewegung verzeichnen, nämlich in den Zonen 2, 3 und 4, wo es um Annehmen, Ablehnen und Rückzug geht. Hingegen ist in Zone 1, der heiteren Gelassenheit, keinerlei Dynamik gegeben, ebenso wenig in Zone 5, der Apathie. In Zone 6, Paranoia, ereignet sich zwar Dynamik, jedoch nur innerhalb einer gedanklichen Scheinwelt.

Beim Einschätzen von Emotionen kann man sich deshalb auf die Zonen 2, 3 und 4 beschränken. Dazu genügen drei simple Fragen. Um sich selbst zu beurteilen: Nehme ich an? Lehne ich ab? Zieh ich mich zurück? Andersherum gefragt, um die anderen zu beurteilen: Fühle ich mich angenommen? Oder abgelehnt? Oder zieht man sich vor mir zurück?

Ein Experiment: Denken Sie an einen Bezugspunkt Ihrer Wahl, am besten an eine Person. Welche emotionale Bewegungsrichtung hinsichtlich dieser Person spüren Sie spontan in sich? Sind Sie annehmend? Ablehnend? Auf dem Rückzug? - Nun in umgekehrter Richtung: Nimmt die betreffende Person Sie freundlich an? Ist sie ablehnend und feindlich? Geht sie Ihnen aus dem Weg?

Zum Einstieg: ein grobes Raster

Auf unserer Emotionsleiter kommen insgesamt 24 Emotionen vor. Vielleicht fällt es Ihnen anfangs schwer, zwischen ihnen zu unterscheiden. Vielleicht kommen Ihnen die treffenden Wörter für die einzelnen Emotionen nicht in den Sinn, wenn es drauf ankommt. In manchen Sprachen gibt es nicht einmal für jede der hier gelisteten Emotionen ein Wort, etwa im Englischen und Dänischen. Trotzdem sind sich Engländer und Dänen darüber einig, dass es diese Emotionen gibt, denn sie spüren deren charakteristische

Strömungsrichtung: Stau, Streuung, Hinströmen, Wegströmen. Um Emotionen zu bestimmen, kann man sich deshalb immer ganz einfach an den drei grundsätzlichen Bewegungsrichtungen orientieren: Annehmen, Ablehnen, Rückzug. Das genaue Erscheinungsbild der jeweiligen Stufe kann man dann später in diesem Buch nachgucken. So lernt man allmählich die Unterschiede zwischen den Emotionen erfühlen.

Wenn wir Emotionen verstehen und einordnen wollen, ist die Bewegungsrichtung der entscheidende Faktor. Mit der Unterscheidung zwischen Annehmen, Ablehnen und Rückzug haben wir ein grobes Raster, an dem sich die Feinheiten mit zunehmender Übung ausrichten lassen.

In aller Deutlichkeit sei noch gesagt: reine Emotionen, wie sie auf unserer Emotionsleiter erscheinen, kommen in der Realität genauso wenig vor wie reine Farben in der Natur oder reine Töne in der Musik. Alle Farben in der Natur sind Mischungen und Überlagerungen von Rot, Gelb, Blau, Weiß und Schwarz, alle Töne der Musik Mischungen und Überlagerungen unterschiedlichster Frequenzen, und genauso überlagern und vermischen sich die Emotionen miteinander: hier hat einer eine Mischung aus Ärger und Interesse, dort zeigt jemand Zorn unterlegt von Wohlwollen, Angst kann sich mischen mit Neugier, Hass mit Hinterhältigkeit - alles ist möglich, noch dazu in den unterschiedlichsten Proportionen.

Dies intellektuell zu analysieren ist kaum machbar, gerade dann nicht, wenn es schnell zu reagieren gilt. Nur über Einstimmung und Empathie lässt sich angemessen mit Emotionen umgehen. Emotionales Verständnis funktioniert nicht über den Kopf, bildlich gesprochen, sondern über das Herz.

FRUSTRATION IST KEINE EMOTION

Emotionaler Abstieg entsteht durch zunehmende Frustration. Wie schon eingangs gesagt, kommt der Begriff „Frustration“ von lateinisch frustra, „vergeblich“. Man hat einen Wunsch, eine Idealvorstellung, eine Vision von besseren Zuständen, und man arbeitet darauf hin. Werden einem ständig Knüppel zwischen die Beine geworfen, so erlebt man die Vergeblichkeit seines Tuns. Man ist frustriert. Es geht nicht so, wie man es sich vorgestellt hat, und entsprechend sinkt die Stimmung. Frau Friedrich zum Beispiel gelang es nicht, Dewa zu vermitteln, dass sie ihre Ruhe haben wollte. Ihre Vision vom schönen Urlaub zerbröckelte. Sie erlebte eine Frustration nach der anderen und purzelte Stufe um Stufe die Emotionsleiter hinunter.

Dementsprechend gibt es neben der Emotionsleiter auch eine Frustrationsleiter. Beide beruhen auf dem Streben nach Wunscherfüllung und dem bitteren Erlebnis, es nicht zu schaffen.

Stufen des Strebens

Stufe 1	**Siegesgewissheit, Erfüllungsgewissheit**	Zu Beginn eines Spiels verspürt man Mut und Kraft. Man hat ein Ziel und weiß glockenklar: „Wir schaffen das!“ Alle Widerstände werden überwunden werden, alle Wünsche sich erfüllen. – Höchstes Antriebsniveau. Emotion: Begeisterung.
Stufe 2	**Frohgemutes Voranstreben**	Die ersten Hindernisse haben sich eingestellt, man arbeitet emsig an deren Überwindung. Die anfängliche Begeisterung ist etwas abgekühlt. Was bleibt, ist strebsame Aktivität im Vertrauen auf baldigen Erfolg. „Es dauert halt seine Zeit, aber wir schaffen das schon.“ – Hohes Antriebsniveau, langer Atem, gutes Arbeitsklima. Emotion: Interesse, Wohlwollen, Zufriedenheit.

Stufen des Strebens

Stufe 3	**Verbissene Bemühtheit**	Ständig stößt man auf neue Hindernisse. Sie halten einen unerwartet lange auf. Der ersehnte Erfolg will sich nicht einstellen. Nun will man es zwingen. Also ran: „Das muss doch zu schaffen sein!“ Das Spiel wirkt angestrengt und verkrampft. Man hört Flüche. – Gestörtes Antriebsniveau, gestresstes Arbeitsklima. Emotion: Angeödetheit, Genervtheit, Gereiztheit, Wutanfälle, Ärger.
Stufe 4	**Zaghaftigkeit, Zweifel**	Die Hindernisse wirken unüberwindlich, Enttäuschung macht sich breit. Man beginnt an der Erreichbarkeit des Wunschtraumes zu zweifeln, an der eigenen Kraft, am Zeitrahmen. „Ob wir das wohl schaffen?“, ist die bange Frage. Stimmung und Leistungsvermögen sind deutlich gedrosselt. – Eingeschränktes Antriebsniveau. Emotion: Sorge, Ängstlichkeit, Furcht.
Stufe 5	**Resignation**	Weil man jetzt nur noch mit halber Kraft fährt, kommt man erst recht nicht voran. Die Hindernisse bleiben bestehen und wirken höher als je zuvor. Das ganze Unterfangen erscheint aussichtslos, das Ziel unerreichbar. „Das schaffen wir nie!“, sagt man jetzt. Es fließen Tränen des Verlustes und der Verzweiflung. – Keinerlei Antrieb mehr. Emotion: Entsetzen angesichts unerwarteter Rückschläge, Traurigkeit, Hoffnungslosigkeit.

Stufen des Strebens		
Stufe 6	**Verleugnung**	Ganz zuletzt, noch eine weitere Stufe tiefer, ist man das ganze Spiel leid. Am liebsten mag man überhaupt nichts mehr davon hören. Man leugnet, je dabei gewesen zu sein und beschimpft andere als Spinner, die sich noch damit befassen. Es kommt zu totaler Abkehr vom ursprünglichen Ziel, Verleugnen der Vision und des bisherigen Einsatzes: „Wir? Nein. Da waren wir nie dabei. Ja sicher, wir haben mal kurz in die Richtung gedacht, aber mehr auch nicht. War ja von vornherein klar, dass das nicht zu schaffen ist." Der Tiefpunkt der Frustration ist erreicht. Emotion: Apathie.

EMOTIONEN „OHNE VERNÜNFTIGEN GRUND"

Seelische Belastung durch ein frustrierendes Erlebnis kann lange fortdauern. Hat einen die Enttäuschung ins Mark getroffen, so hält die Frustration ewig – es sei denn, man machte sich daran, das schmerzhafte Erlebnis bewusst aufzuarbeiten.

Der ursprüngliche Schmerz würde sich natürlich früher oder später gelegt haben, nichtsdestoweniger kann das betreffende Erlebnis jederzeit wieder wachgerufen und in Erinnerung gebracht werden. Zwar ist Gras über die Geschichte gewachsen, aber diese dünne Schicht kann bei der kleinsten Erschütterung wieder aufreißen. Unvermutet quillt das ursprüngliche alte Leid wieder hervor und „ganz ohne vernünftigen Grund" bricht man emotional zusammen. Niemand kann das verstehen, man selbst auch nicht. Warum?

Weil man sich der tieferen Zusammenhänge nicht bewusst ist. Weil man die unerwartete emotionale Reaktion nicht verknüpft mit dem verursachenden Erlebnis. Deswegen erscheint es einem völlig irrational.

Ein Beispiel: Wer Angst vor Hunden hat, weil er mal gebissen wurde und das auch weiß, der kennt den Grund für seine Hundeangst, kann sie erklären und die Leute haben Verständnis. Ist aber einer mal vom Hund gebissen worden und weiß es nicht mehr, vielleicht weil er damals ein Kleinkind war und im Kinderwagen lag, dann versteht er seine eigene Hundeangst nicht. Sie ist ihm peinlich, weil er sie nicht erklären kann. Die Leute verstehen es auch nicht und er bekommt gesagt, er solle sich doch „wegen nichts" nicht so anstellen. Er wirkt auf die Mitmenschen und auf sich selbst total irrational.

Wächst wirklich Gras drüber?

Die Zeit heilt leider nicht alle Wunden, auch wenn der Volksmund es gerne so hätte. Gewiss, das Erinnerungsbild selbst mag mit der Zeit verblassen und bewusst kaum noch aufzurufen sein, doch unsere Erinnerungsfähigkeit lässt sich nicht von der Zeit beeindrucken. Ein entsprechender Auslöser kann die alten Bilder jederzeit wieder aufleben lassen und sie schalten sich wie auf Knopfdruck ein. Nicht immer geschieht dies bewusst, häufig läuft es im Hintergrund ab.

Nach außen hin mag eine unbewältigte Erinnerung nicht weiter in Erscheinung treten, da wirkt einer vielleicht ganz entspannt. Nehmen wir zum Beispiel Paul, den Mann mit der Hundeangst, und nehmen wir an, er könne sich mit ein wenig Nachdenken an das Erlebnis mit dem Hundebiss erinnern. Das Erlebnis ist somit bewusst verfügbar. Weil die Erinnerung daran zu seinem Glück nie besonders stark heraufbeschworen wurde, sagt er leichthin: „Da bin ich doch längst drüber weg." Aber wird er auch den Härtetest dazu bestehen? Angenommen nun, Paul sei hungrig, unausgeschlafen, gestresst und überhaupt nicht gut gelaunt, und gerade da begegnete ihm auf dem Bürgersteig ein nicht angeleinter Hund mit Herrchen ein paar Schritte weiter hinten. Ein Auslöser ist damit gegeben und die Einschaltung des ursprünglichen Geschehnisses, erleichtert durch Pauls momentan gegebene Dünnhäutigkeit, vollzieht sich. Sie kann unterschiedliche Reaktionen im Gefolge haben. So etwa könnte Paul der Hut hochgehen und er den Hundebesitzer wüst beschimpfen. Er könnte schreckensbleich die Straßenseite wechseln, zittern und vielleicht gar in Tränen ausbrechen. Er könnte psychosomatische Schmerzen in der Wade bekommen, der Stelle des früheren Hundebisses.

Weiß Paul, woher seine Reaktionen kommen, so ist er zwar schockiert, doch würden alle ihn verstehen. Weil er einen begreifbaren Zusammenhang herstellen kann, würde er rational wirken. Weiß er hingegen nicht, wo es herkommt, so könnten seine Reaktionen dessen ungeachtet genau so heftig sein wie oben beschrieben, nur würde man ihn mangels Erklärung irrational nennen.

Auf diese Weise entstehen „Emotionen ohne vernünftigen Grund". Ein tiefer und heftiger Frustrationsschmerz aus früherer Zeit schaltet sich in der Gegenwart ein. Kleinigkeiten können der Auslöser sein. Eine beiläufige Bemerkung, eine nebensächliche Begebenheit – und schon kommt es zum emotionalen Absturz.

Das Schlimmste daran ist, dass auch der Leidtragende selbst in der Regel nicht weiß, wie es zu seiner Reaktion kam. Er wird herumrätseln, grübeln, sinnieren, analysieren, interpretieren - und zwar jede Menge „guter Gründe" finden, um seine Verhaltensauffälligkeit zu rechtfertigen, doch nichts davon wird ihm helfen. Drüber nachdenken knackt die Erinnerungssperre nicht. Das ist die Tragik dabei. Die Wand der Verdrängung, ehemals auf der Stufe des Entsetzens geschaffen, ist so massiv, dass es nur selten gelingt, sie mit freier Erinnerung zu durchbrechen. Hier hilft nur gezielte Bewusstseinsschulung (siehe die Übungen später im Buch).

DIE EMOTIONALE BRILLE

Emotionen sind Wahrnehmungsfilter. Wie Frau Friedrich Dewa wahrnahm, änderte sich je nach Emotionsstufe. Mal sah sie ihn als netten jungen Mann, dann als Giftzwerg, schließlich als Peiniger, obwohl sich Dewa in Wirklichkeit gar nicht änderte. Aussehen und Absicht blieben unverändert gleich. Indessen projizierte Frau Friedrich ihre jeweilige emotionale Befindlichkeit auf ihn und sah ihn deshalb nicht so, wie er war, sondern so, wie sie sich fühlte.

Wie eine Brille mit gefärbten Gläsern wirken Emotionen. Jubelt man, weil man frisch verliebt ist, erscheint die ganze Welt wie eine rosa Wolke. Ist man wütend, sieht man rot. Schwarz sieht man, falls alles schief gegangen ist und die Zukunft so tot ist wie eine durchgebrannte Glühbirne.

Emotionen sind nicht ausschließlich momentane Stimmungen, die bald wieder verfliegen, als wäre nie etwas gewesen. Darüber hinaus sind sie das Fundament, von dem aus wir die Welt sehen und erleben. Emotionen aus unbewältigten alten Geschichten können unser Leben über Jahre und Jahrzehnte hinweg prägen. Die traumatischen Erlebnisse von damals schwelen weiter. Gelegentlich schalten sie sich samt ihren tief schwingenden Emotionen ein. Daraus werden allmählich chronische Emotionen und typische Verhaltensmuster bilden sich aus.

Die unerwünschten Emotionen werden im Denken und Fühlen zur Gewohnheit. So könnte eine ehemals fröhliche Person nach einem Schicksalsschlag durchgängig in ungewohnt gedämpfter Stimmung und an schlimmen Tagen regelrecht depressiv sein. Das Schlimme an diesen Wahrnehmungsfiltern ist, dass sie selbst-erfüllende Prophezeiungen generieren und sich dadurch immer mehr festigen. Hat man während eines Überwältigungsgeschehnisses einmal gedacht: „Ich bin halt immer der Verlierer“, dann wird sich das mit jedem kleinsten Negativ-Erlebnis bestätigen und immer mehr in einem festsetzen. (Die gute Nachricht: es geht auch andersherum; auch die Aufwärtsschleife der sich steigernden Glücksmomente gibt es.)

Am Krisenpunkt ihrer Konfrontation mit Dewa, im Moment des Entsetzens, erkannte Frau Friedrich mit schmerzhafter Deutlichkeit: „Es gibt keine Rettung!“ Das war kein vorübergehender Gedanke, sondern eine tiefe Gewissheit mit lebensbestimmender Auswirkung. Frau Friedrich wurde in diesem Moment zu einer Person, die mit unerschütterlicher Sicherheit weiß, dass es keine Rettung gibt, Punkt. Diese traumatisierende Gewissheit wirkt weit über das Bali-Erlebnis fort. In völlig anderen Situationen und durch äußerlich ganz harmlose Auslöser kann sich diese Lektion „Es gibt keine Rettung!“ später als „Emotion ohne vernünftigen Grund“ wieder einschalten. Das ursprüngliche Entsetzen quillt wieder hoch, wenn auch nicht jedes Mal mit gleicher Heftigkeit. So kann sich ein Erlebnis zu einer langfristig lebensbestimmenden negativen Programmierung auswachsen. Im Lauf der Jahre verfestigt es sich zu einer allgemeinen Lebenshaltung. Und keiner weiß, woher es kommt. Denn es ist verdrängt. Vielleicht wurde auch die Tragweite des Erlebnisses nicht erkannt, da das Erlebnis selbst als „nicht so schlimm“ abgetan oder kein Zusammenhang zwischen Ursache und Auswirkung hergestellt wird. „Wegen so einer Urlaubsgeschichte kann man doch nicht ewig so mitgenommen sein, so schlimm war es ja wohl nicht“, usw.

Das Damals ist nicht vorbei, das Damals ist noch heute. Es verbirgt sich unter einer ganz dünnen Haut. Selbst wenn die Erinnerungsbilder sorgsam aus dem wachen Bewusstsein verdrängt worden sind, schlagen ihre unbewältigten Inhalte nichtsdestoweniger zum Fühlen, Denken und Verhalten eines Menschen durch. Zum Zeitpunkt einer Einschaltung nimmt man nur noch das wahr, was die emotionalen Filter durchlassen. Durch diese Brille sieht man die Welt. Man agiert nur noch in den engen Grenzen, welche einem die festgefressenen Emotionen lassen.

Einige Beispiele: Macht man einem chronischen Wüterich einen Vorschlag, so brüllt der sofort zurück, was der Blödsinn soll. Damit wendet er seine festgefressene „Erfolgsstrategie“ an. In der gleichen Situation dreht sich der Ärgerliche zur Seite und fängt an, über irgendetwas zu schimpfen, was weder mit einem selbst noch dem Vorschlag zu tun hat. Eigentlich ist er gegen diesen Vorschlag, doch hat er nicht die Kraft, so direkt und massiv dagegen anzugehen wie der Wüterich. Deshalb lässt er seinen Druck zur Seite hin ab. Dem Ängstlichen wiederum fallen sofort alle mit diesem Vorschlag auch nur im Entferntesten verbundenen Gefahren ein und er rät dringend davon ab, sich auf das Projekt einzulassen. Der Weinerliche schließlich wird sagen, dass solche Ideen noch nie funktionierten, und hätte man sich früher nicht schon einmal auf so was Ähnliches eingelassen, würde man heute viel, viel besser dastehen. Überhaupt sei früher alles besser gewesen.

Es ist wie bei einer Musikbox: eine Taste wird gedrückt und die entsprechende Platte wird abgespielt. Gleiche Taste, gleiche Platte. Ohne Anfang, ohne Ende, immer die gleiche Musik. Welche Musik hört mein Gegenüber gerade, während er ausrastet? Eine Musik aus dem Damals, aber spielen tut sie jetzt. Um diese Musikbox auszuschalten, bleibt kein anderer Weg, als sich ihrer bewusst zu werden (siehe die Übungen später).

ECHTE UND AUFGESETZTE EMOTIONEN

Zur Bewältigung des Alltags macht man häufig gute Miene zum bösen Spiel. Man setzt eine Maske auf. Niemand kann es sich leisten, den Mitmenschen ungebremst und ungefiltert seine tief sitzenden Ängste und Zweifel vorzuführen, seine tatsächlichen, wahren Haltungen und Emotionen. Deshalb trägt man gute Laune zur Schau, eine zweckbestimmte, aktuell aufgesetzte Emotion. Selbstverständlich gibt es auch echte gute Laune, keine Frage, aber in dem hier genannten Fall betreibt man sozusagen Emotionskosmetik. Bei unerwarteten Ereignissen jedoch fällt die Maske, die mühsam verborgene Befindlichkeit kommt zum Vorschein und wird ausgelebt. Die echte Emotionsstufe bricht durch. Sie setzt sich aus den unbewältigten Altlasten der persönlichen Vergangenheit zusammen.

Unter entspannten Umständen, etwa in netter Gesellschaft oder im Urlaub, schalten sich chronische Emotionen mangels der gewohnten Auslöser oft aus und das echte, fröhliche Naturell eines Menschen kommt durch. Wie weiter oben einmal gesagt: jeder ist im Grunde eine Sonne, und oft hängen Wolken davor, aber eben nicht immer. Tapetenwechsel hilft, wie man weiß. Die Stimmung steigt. Doch ändert sich damit nichts an dem im Hintergrund verborgenen leidvollen Gemütszustand. Deswegen kann jemand, der eben noch freundlich und zufrieden wirkte, ohne erkennbaren Anlass urplötzlich in eine Panikatmung verfallen und fluchtartig aus dem Zimmer rennen. Oder es bricht jemand mitten in einem angeregten Gespräch wegen einer eigentlich harmlosen Bemerkung in Tränen aus. Da wird die wahre Emotion des Betreffenden „ohne vernünftigen Grund" aktiviert. Denn in der Regel weiß der Betroffene nicht, was in ihm angerührt wird. Das zu Grunde liegende Erlebnis mag so massiv verdrängt sein, dass keine Erinnerung daran zur Verfügung steht. Mancher mag eine ungefähre Ahnung haben, wo das alles herrührt, gibt dem aber keinen Raum oder gesteht es sich nicht ein, und so bleibt alles, wie es ist.

Um sich für den Alltag zu wappnen, bemüht man sich daher, seine echte, chronische Emotion hinter einer höher schwingenden zu verbergen. So etwa könnte man Angst mit Ärger zu kaschieren versuchen. Nach außen hin gibt man sich ärgerlich und knurrig, denn man glaubt, so könnte man die Leute beeindrucken. Oder man versucht es mit hinterhältiger Freundlichkeit. Gemeint ist nicht eine kalkulierte Aktion, sondern eine unbewusste. Hinterhältigkeit oder Ärger fühlen sich einfach „hochgestimmt" an (und sind es objektiv sogar) im Vergleich zu dem, wie es einem im Inneren geht. Im Inneren fühlt man sich ängstlich und unsicher, um aber irgendwie durchzukommen, macht man auf knurrig oder scheinfreundlich. Zu einer echt hohen Gestimmtheit ist man nicht fähig, dazu müsste man das bewältigt haben, was einen hinunterzieht.

GEFÄHRLICHE UND HARMLOSE EMOTIONEN

Mit manchen Emotionen seiner Freunde und Kollegen kommt man nur schwer zurecht. Sie wirken durch ihre Heftigkeit regelrecht gefährlich; am liebsten möchte man sich vor ihnen verstecken. Ist man schnaubender Wut ausgesetzt, so fühlt sich das an, als würde man von einem Flammenwerfer eingeäschert. Läuft das Fass über und explodiert als Ärger, zieht man den Kopf ein, damit man nichts abbekommt. Erfährt man übermäßiges Interesse, übergriffiges Mitgefühl oder zudringliche Neugier, kann einem das so lästig und peinlich sein, dass man total genervt ist, sich vor lauter Verlegenheit am liebsten verkriechen möchte oder aber schroff und ablehnend reagiert (was einem in der Regel als Undankbarkeit ausgelegt wird).

Wut ist eine Strömung, Ärger eine Streuung. Es strahlt einer was ab, hier gezielt in eine bestimmte Richtung, dort rundum. Weil man eventuell etwas abbekommen könnte, fühlt man sich attackiert. Selbst wenn man gar nicht gemeint ist, möchte man sich vor der Heftigkeit eines solchen mentalenergetischen Schwalls in Sicherheit bringen.

Geht die emotionale Abstrahlung hingegen in irgendeine andere Richtung, steht man also nicht in der Ziellinie, so macht einem diese Aufwallung wenig aus. Wenn sich einer fürchtet und wegrennt, dann braucht man sich vor dem nicht zu schützen. Wer vor lauter Panik weder ein noch aus weiß, ist mit sich selbst beschäftigt; da trifft einen nichts. Wer vor sich hin weint, denkt an seine Verluste und ist auf seine Innenwelt konzentriert; auch hier trifft einen nichts. Solche Emotionen wirken harmlos, man fühlt sich sicher.

Weil man sich vor harmlosen Emotionen nicht zu schützen braucht, tritt häufig das Gegenteil ein: sie laden zum Schützen ein. Sie erregen Mitgefühl und Bedauern. Man erkundigt sich nach dem Befinden solcher Menschen, ist nett zu ihnen, bietet Rat und Hilfe an. Einem jammernden Bettler gibt man Almosen, wäre der Mann hingegen ärgerlich oder hasserfüllt, so würde man ihm nichts geben. Die Wütenden und Ärgerlichen, die Zornigen und Grimmigen, die wirken gefährlich und man geht ihnen aus dem Weg; die Traurigen aber möchte man trösten.

Einem starken Ausströmen auszuweichen ist nicht immer möglich. So etwa könnten sich im Verlauf einer Auseinandersetzung konträre Positionen aufbauen, die man im Interesse des eigenen Standpunktes auszufechten hat. In der Regel fängt das ganz gutartig an; man vertritt auf faire Art seinen Standpunkt, zeigt Verständnis für den des anderen. Wenn es aber kippt und der Andere gerät in Wut, kann man nicht einfach klein beigeben, sondern muss aus gutem Grund (nämlich im Sinne des eigenen Standpunktes) dagegen halten. Ein Stau baut sich auf. Die Luft wird dick, der Druck nimmt zu. Um das auszuhalten, braucht man starke Nerven. Besser gesagt, man benötigt Gelassenheit und Akzeptanzvermögen.

Die Fähigkeit, jemanden zu nehmen, wie er ist, und ihn trotz allem lieb zu haben, wird in solchen Momenten auf eine harte Probe gestellt. Besteht man diese Probe nicht und ergreift die Flucht, um sich vor der Druckentladung der Gegenseite in Sicherheit zu bringen, dann haben beide verloren.

DAS EMOTIONALE JOJO

In unserer balinesischen Urlaubstragödie folgten Frau Friedrichs Gemütswallungen immer fein säuberlich der Emotionsleiter, denn die Geschichte sollte schließlich der Illustration dienen. In der Realität hingegen verlaufen Konflikte nicht immer nach Lehrbuch; vielmehr ereignen sich Gefühlsschwankungen häufig in einem jähen Auf und Ab von ganz oben nach ganz unten und umgekehrt - ein emotionales Jojo.

Frau Friedrichs bilderbuchmäßige Abwärtsentwicklung Stufe um Stufe war vor allem deswegen möglich, weil sich die beiden Hauptakteure nicht kannten. Sie hatten nicht schon „ihre spezielle Vorgeschichte“ miteinander.

Außerdem reagierte lediglich Frau Friedrich frustriert und projizierend, Dewa dagegen blieb durchgehend in einer Stimmungslage, die man als unpersönlich stures Interesse bezeichnen könnte. Nicht an Frau Friedrich war Dewa interessiert, sondern lediglich an der Ausführung des Service, mit dem er beauftragt war. Er stellte einen gleich bleibenden Reiz dar, auf den Frau Friedrich im Sinn der Emotionsleiter unterschiedlich reagierte.

Im wirklichen Leben sind die Ausgangsbedingungen bedeutend weniger eng begrenzt. In der Regel geraten nämlich beide Beteiligte in heftige Gemütswallung und schaukeln sich gegenseitig hoch. Entsprechend dramatisch gestaltet sich die Auseinandersetzung. Besonders schlimm wird es, wenn die Bezugspartner eine lange gemeinsame Vorgeschichte haben, wie etwa lang verheiratete Paare oder Arbeitskollegen. Da kann schon eine unbedachte Bemerkung oder Geste „alte Geschichten" zum Kochen bringen und gewaltige emotionale Dramatik heraufbeschwören.

Große Sprünge von ganz oben nach ganz unten

Große Sprünge über mehrere Emotionsstufen hinweg abwärts sind uns schon bei „Emotion ohne vernünftigen Grund" begegnet. Man sitzt in gemütlicher Runde und plaudert, es fällt eine völlig harmlose Bemerkung und schon bekommt jemand einen Wutanfall, bricht in Tränen aus oder verlässt kreidebleich den Raum. Oder, anderes Beispiel, man ist bester Laune, öffnet einen Briefumschlag, sieht den Briefkopf des Finanzamts und erstarrt vor Schreck. Die Nachzahlung! Schon rutscht die Stimmung auf einen Schlag in den Keller.

Doch Sprünge können auch umgekehrt verlaufen, von unten nach oben. Bei Kindern lässt sich das besonders gut beobachten. Im Unterschied zu Erwachsenen sind Kinder in der Regel noch nicht mit unerledigten Altlasten befrachtet. Deswegen fällt es ihnen leichter, emotional wieder nach oben zu schnellen. Als Beispiel ein alter Trick, den jede Mutter kennt: Das Kind im Kinderwagen schreit aus unerfindlichen Gründen. Es tobt seinen schwer begreifbaren Babyzorn aus. Da sagt die Mama: „Guck mal, das Vögelchen", und schon strahlt das Kleine wieder. Kaum wurde seine Aufmerksamkeit auf etwas Positives gelenkt, ist das Negative vergessen.

Aus tiefem Zorn hinauf in lichte Heiterkeit, in einem Sprung und ohne Umweg – Babys können das. Erwachsene manchmal auch. Manchmal. Es muss schon eine richtig gute Nachricht daherkommen, um einen Erwachsenen aus einer Muffelstimmung in eine Hochstimmung entschweben zu lassen.

Selbstverständlich können wir uns alle von einem Schreck erholen oder über Traurigkeit hinwegkommen. Auch Menschen fortgeschrittenen Alters können das. Jedoch die Lebensgrundstimmung anzuheben und auf hohem Niveau zu halten, fällt mit dem Älterwerden schon schwerer. Die angehäuften Altlasten eines langen Lebens wirken wie der Ballast am Fesselballon, der ihn daran hindert, in die Lüfte zu steigen. Ein schnelles Patentrezept dafür gibt es leider nicht - außer, sich bewusst mit den Altlasten auseinander zu setzen und sie aktiv zu entsorgen. Das aber geht leider nicht von heute auf morgen.

Kleine Sprünge sind zermürbend

Neben den großen Sprüngen auf der Emotionsleiter gibt es auch die kleinen: das zähe Auf und Ab des Alltags. Morgens noch gute Absichten und im Verlauf des Tages dann Zorn, Wut, Hass, Grimm, Ärger, abends in die Kneipe oder zum Sport. Und am nächsten Tag wieder. Und immer wieder. Wochen, Monate, Jahre kann das so gehen. Immer rauf und runter, solange man noch die Kraft hat, sich dem Kampf zu stellen. Bloß nicht locker lassen. Man braucht den Job: Kredite, Hypothek, Leasingraten, Krankenkasse, die Kinder im Studium. Am Schluss hält das leib-seelisch-geistige System nicht mehr durch und man bekommt Kopf-, Herz-, Magen- oder Darmbeschwerden, je nach Disposition. Ganz am Schluss, wenn alle Reserven schließlich verbraucht sind, bekommt man ein Burnout und verfällt in Depression. Der Lohn der Mühe.

Wie komme ich aus der Klemme?

Missstimmungen unterdrücken ist auf Dauer ungesund; es führt zu psychosomatischen Krankheiten. Sie in aller Dramatik ausleben fällt unangenehm auf. Übertreibt man es damit, wenden sich Freunde und Partner ab, weil es nicht zum Aushalten ist; schließlich verschreibt einem der Hausarzt Beruhigungsmittel oder überweist einen an die Psychiatrie.

Unterdrücken und Austoben, und keins von beiden geht - eine echte Klemme. Was tun? Antwort: Das Übel an der Wurzel packen. Den Geist klären. Das Leben neu ordnen. Inneren Frieden finden. Gesund und ganz werden.

Alles kann gut werden – aber es braucht dazu mehr als ein Wochenendseminar. Echte Arbeit an sich selbst ist gefordert. Vielleicht bieten Ihnen die vier Übungen am Ende des Buchs einen ersten Weg in diese Richtung. Bleiben Sie dran. Es dauert ein Leben, um ein Leben zu ändern. Aber es lohnt sich.

EMOTIONSLOS? UNDENKBAR!

Wenn man sich im Kino die coolen Agenten und die eiskalten Killer anschaut, stellt sich die Frage: Gibt es wirklich so etwas wie Emotionslosigkeit? Um gleich die Antwort zu geben: Nein. Keine Kommunikation ohne Emotion. Trotzdem trifft man hin und wieder auf Menschen, die zumindest den Anschein erwecken, als hätten sie keine.

Als Amtsdiener immer brav neutral

Polizisten zum Beispiel geben sich betont dienstlich und entsprechend unemotional. Klar, denn ein Polizist im Dienst, ein Führungsoffizier vor seiner

Truppe, ein Behördenvertreter, ein Richter, ein Chirurg oder ein Rettungssanitäter, sie dürfen keine Emotionen zeigen, denn es würde gegen sie ausgelegt. Sie würden als befangen oder als arbeitsunfähig erklärt. Sie sind verpflichtet, rein sachlich zu bleiben. Mit Hilfe von einstudiertem Desinteresse haben sie ihre Emotionen zu unterdrücken gelernt. Was noch lange nicht heißt, dass sie keine hätten. Vielmehr halten sie ihren eigenen Emotionen gegenüber Distanz, als würden sie sagen: Du bist jetzt nicht dran, du Emotion, du.

Emotional schockgefroren

Im Unterschied zu dienstlich bewusst unterdrückten Emotionen kommt es zu einer (zumindest scheinbaren) emotionalen Neutralität bei Menschen, die gerade einem Unfall oder einer Katastrophe entkommen sind. Sie stecken so tief im Schock des Entsetzens, dass sie das nicht einmal bemerken. Weder registrieren sie ihren emotionalen Zustand, noch den Hunger, die Kälte oder die Verletzungen. Sie sind wie tot. Sie wirken deswegen emotionslos, weil sie nach außen hin weiterhin „gut funktionieren". Doch emotionslos sind sie keineswegs, denn genau diese Schockstarre ist ja die Emotion des Entsetzens, in der sie stecken. Sie sind keineswegs ohne Emotion, im Gegenteil, sie sind voll drin.

Ein Beispiel: Frau Rose ist in eine Massenkarambolage geraten, das Auto ist Schrott. Ringsum Schreie, Klagen, Stöhnen, Blut, Scherben. Zum Glück unverletzt, gelingt es ihr auszusteigen. Starr vor Schreck, bewegt sie sich merkwürdig steif. Und doch ist sie von seltsamer geistiger Klarheit. Sie greift zum Handy und berichtet Polizei und Rettungsdienst „ganz vernünftig", was geschehen ist. Wieder zu Hause - Stunden später, vielleicht erst am nächsten Tag - wird ihr bewusst, wie knapp sie dem Tod von der Schippe gesprungen ist. Dann kommen ihr die Horrorbilder samt Zittern, Zähneklappern, Schüttelfrost.

Wer nicht einfach nur einen Unfall erlebt hat, sondern praktisch seit Kindheit nichts anderes kennt als Prügel, Missbrauch und Versklavung, hält das häufig für normal. Er kennt es nicht anders. Das Leben ist hart und grausam, denkt er sich, alle Menschen waren hart und grausam zu mir, also bin auch ich hart und grausam. Gehört sich so. So kommt es zur seelischen Grausamkeit. Selbstverständlich hält sich der Betreffende selbst für einen gerechten und sympathischen Menschen. Er gibt das Böse und Grausame an seine Familie und andere Menschen weiter, weil er keinerlei Distanz dazu hat. Er denkt sich nichts dabei. Auch er wirkt emotionslos - doch weit gefehlt. Seit seiner Kindheit lebt er chronisch auf der Stufe Entsetzen. Seine Kälte und Härte, seine emotionale Abgestorbenheit entspricht der des Entsetzens. Angst und Panik liegen oberhalb von Entsetzen; sie sind gerade noch in seiner Reichweite. Deswegen, wenn er mal besonders gut drauf ist, sucht er sich ein Opfer und verbreitet Angst und Panik, denn das hält er für gute Laune (was ja, aus seiner Warte gesehen, leider auch stimmt).

Zynismus

Eine dritte Form der scheinbaren Emotionslosigkeit zeigt sich in der Abwesenheit jeglichen Mitgefühls. Damit soll der Eindruck von Gelassenheit vorgetäuscht werden. In Wirklichkeit handelt es sich um geschickt verborgene Apathie, die sich als Arroganz, Hochmut, Zynismus, kurz Gefühlskälte verkleidet. Gelassenheit ohne Mitgefühl ist jedoch nichts anders als Arroganz, Hochmut, Zynismus, kurz Gefühlskälte.

Der Zyniker geht jeder emotionalen Resonanz aus dem Weg, er schirmt sich dagegen ab. Er meidet die Einstimmung, die Tuchfühlung, die emotionale Resonanz. Auch den eigenen Emotionen gegenüber verschließt er sich. Wieso? Wegen seiner eigenen unbewältigten emotionalen Altlasten. Er braucht regelrecht einen Panzer, um sich zu schützen. Er hat Angst vor sich selbst.

Wer Erlebnisse wie Überwältigung und Vernichtung samt ihren verdrängten Emotionen hinter verschlossener Kellertür gelagert hält, bewahrt sicherheitshalber zwischenmenschlich Abstand. Er möchte der Gefahr entgehen, auf Auslöser für diese Sprengsätze zu treffen. Menschliche Nähe überfordert ihn, denn dabei kommen ihm gelegentlich Erinnerungen, die er lieber vergraben halten würde. Emotionale Anteilnahme birgt Gefahren. Deshalb wahrt er Distanz. Er kommuniziert entweder gar nicht oder nur einseitig, d. h. im Befehlston.

WIESO SIND DIE LEUTE SO EKELHAFT ZU MIR?

Oft haben die werten Mitmenschen ausgerechnet die Emotionen, mit denen man am wenigsten zurecht kommt. Obwohl sich eigentlich jeder den Umgang sucht, der ihm gut passt, verwandeln sich näher stehende Menschen mit der Zeit auf geheimnisvolle Weise: mehr und mehr treten Verhaltensweisen zutage, die einen auf die Palme bringen. Man fragt sich: wieso sind die Leute so ekelhaft zu mir?

Es ist wie mit dem Spiegelbild. Stellt man sich vor einen Spiegel, wird das Licht, das man abstrahlt, vom Spiegel zurückgeworfen. Aus Projektion und Reflexion entsteht das Spiegelbild. Ein anderer Vergleich: singt man in eine Gitarre hinein, so nimmt diese den Ton auf und schwingt mit. Resonanz ist entstanden, ein Mitschwingen. Auf psychischer Ebene verhält es sich ähnlich: Die Bilder und Emotionen, die Jürgen auf Hans und Martha ausstrahlt, wirken bei Hans und Martha als Auslöser und schalten deren eigene Erinnerungs- und Vorstellungsbilder samt Emotionen ein. Jürgens Bilder und Emotionen bringen Hans und Martha zum Mitschwingen. Sie strahlen auf Hans zurück, was er ausgestrahlt hat.

Zum Glück läuft dieser Vorgang der psychischen Projektion, Reflexion und Resonanz keineswegs so zwangsläufig und unbeeinflussbar ab wie das Entstehen eines Spiegelbildes, das Zerspringen einer vom Tisch gefallenen Vase oder das Vibrieren eines Gebäudes, wenn die U-Bahn drunter durch fährt. Gegen die physikalischen Auswirkungen von Lichtreflexion,

Schwerkraft und Resonanz kann man nichts ausrichten. Bei psychischen Abläufen hingegen ist etwas nicht immer so-und-so, vielmehr hängt alles von der Disposition der Beteiligten ab. Das ist wichtig zu wissen, denn es bedeutet, dass man diesen Dingen nicht ähnlich hilflos ausgeliefert ist wie der Schwerkraft. Mit entsprechender Bewusstwerdung kann man sich gegen psychische Einflüsse wehren und sie sogar ins Positive umlenken. Schauen wir uns deswegen die psychischen Mechanismen der Projektion, Reflexion und Resonanz genauer an.

Psychische Projektion

Auf psychischer Ebene, haben wir eben gesehen, ist der Mensch ein Projektor, ein Bildwerfer. Man strahlt die Schreckensbilder seiner unbewältigten Vergangenheit aus, aber auch die Visionen und Idealbilder der noch nicht bewältigten Zukunft. Das Bewältigte hingegen strahlt man nicht aus, denn das Bewältigte stellt kein Spannungsfeld dar. Das Unbewältigte indessen ist ein Spannungsfeld. Hinsichtlich der Zukunft entsteht es einfach durch die Frage, ob man es denn auch schaffen wird, hinsichtlich der Erinnerungen aber liegt es daran, dass man sich gegen sie wehrt. Dieser Stau, diese Blockade der Erinnerung, das bringt die Spannung zustande.

Wir strahlen also aus, als wären wir Filmprojektoren. Projiziert man aber einen Film statt auf die Leinwand auf einen anderen Menschen, dann erkennt man ihn wegen der auf ihm liegenden Bilder kaum noch. Das ginge ja noch und wäre recht spaßig, solange es sich um einen echten Filmprojektor handelt. Wirklich schlimm und gar nicht spaßig wird die Sache, wenn es sich nicht um rein photomechanische Bilder handelt, sondern um psychische Projektionen. An dieser Art von „Bildern" hängt nämlich zusätzlich ein ganzes Paket von Sorgen, Ängsten, Nöten, Berufsärger, Familiendramen und Ehestress. Mit jeder Bemerkung, jedem Gesichtsausdruck, jeder Geste strahlen wir aus, wie es uns geht. Das sind nicht einfach Bilder, sondern komplette psychische Informationspakete.

Sensitive Menschen erkennen solche psychischen Informationspakete mit derselben Leichtigkeit, als läsen sie die Zeitung. Darauf beruhen Wahrsagerei, Hellseherei und mediale Schau. Der Hellseher schaut Sie an, sieht Ihre Bilder und weiß, was mit Ihnen los ist. Er erzählt Ihnen von Ihren Ahnen, Ihrem vergangenen Leben, Ihrer gescheiterten Ehe, Ihren Schwächen. Sie hören zu und staunen. Wie kann der das wissen?

Ganz einfach, er sieht es. Er sieht Ihre unbewältigten Spannungsfelder. Manche benutzen eine Kristallkugel oder ein Horoskop, lesen aus der Hand oder aus dem Kaffeesatz. Aber das sind nur Konzentrationshilfen, weiter nichts. Sie unterstützen die Einstimmung des Hellsehers auf die Bilder, die um Sie herumhängen. Die sieht er, wobei „sehen" nicht das rechte Wort dafür ist. Er „schaut" sie. Eine innere Schau, eine empathische Schau mit dem dritten Auge.

Jeder Mensch ist mehr oder weniger ein Hellseher, denn jeder nimmt die Projektionen seiner Mitmenschen wahr, wenn auch meist nur ahnungshaft und unterschwellig. Auch Tiere haben dieses Gespür. Wenn Herrchen aus dem Büro kommend ins Haus tritt, spürt der Hund, welche Emotion er mitbringt. Mit Katzen und Papageien ist es nicht anders, sogar den Pflanzen sagt man es nach. Die gesamte Umwelt reagiert auf unsere Ausstrahlung. Und dann stehen wir da und wundern uns, wieso uns keiner leiden kann.

Wie gesagt, handelt es sich hier nicht um einen unausweichlichen physikalischen Automatismus wie bei der Projektion und Reflexion von Licht. Der Spiegel reflektiert immer und unvermeidbar, wenn Licht auf ihn projiziert wird; er hat keinen Einfluss darauf. Beim Menschen ist das anders. Nicht jeder reagiert immer und unter allen Umständen auf exakt gleiche Weise auf die Ausstrahlung eines anderen Menschen. Psychische Resonanz ist nie dauernd gleich, sondern hängt von der Tagesform des Empfängers ab. Und auch was der Empfänger dem Sender zurückstrahlt, kann heute und morgen ganz unterschiedlich zu gestern sein.

Psychische Resonanz

Physikalisch gesprochen bedeutet Resonanz: ein Klangkörper wird von einer Schwingung angeregt und schwingt mit. Man schlägt einen Ton auf dem Klavier an, und die daneben stehende Gitarre beginnt mitzusummen. Resonanz ist entstanden.

Resonanz kommt in Form von Konsonanz wie auch Dissonanz. Konsonanz entsteht, wenn sich der eine Musiker auf den anderen einstimmt, sei es mit einem Instrument oder direkt mit der Stimme. Der eine gibt einen Ton vor, der andere schwingt sich darauf ein. Beim Singen wird dieses Einschwingen oder Mitschwingen körperlich fühlbar. Verweigert einer, sich auf den anderen einzustimmen, oder gelingt es ihm mangels Geschick nicht, so entstehen Missklänge, also Dissonanz.

Wichtig ist hier folgendes: Man muss es wollen. Beim Menschen spielen Wille und Bewusstsein eine Rolle, bei der Gitarre nicht. Sie schwingt mit, sie kann's nicht ändern. Wenn jedoch wir Menschen Resonanz herstellen wollen, ob in Form von Konsonanz oder Dissonanz, dann müssen wir erstens bemerken, dass da überhaupt etwas ist, auf das wir reagieren könnten (Bewusstsein), und zweitens müssen wir uns drauf einlassen wollen oder auch nicht (Wille). Bewusstsein und Wille sind psychische Wirkungsgrößen, keine physikalischen.

Nicht immer ist einem voll bewusst, was man bei seinen Mitmenschen erspürt. Nicht immer bemerkt man wie sehr man auf sie so reagiert, wie man es gerade tut. Erst hinterher hört man vielleicht von einem Beobachter: So kenne ich dich ja gar nicht! Doch selbst wenn man nicht im Detail registriert, was der Gesprächspartner ausstrahlt und wie man darauf reagiert - dass die Stimmung sich verschlechtert, das bemerken Sender wie auch Empfänger. Daraus folgt: Will man emotionale Spiegelungen und unerwünschte psychische Resonanz vermeiden, so hilft nur eins, nämlich Bewusstseinstraining.

Ob eine mentale Projektion an einem hängen bleibt oder nicht, hängt vom Ausmaß der Aufmerksamkeit ab, die man auf Gesprächspartner oder Umgebung hat. Bewusste Wahrnehmung ist gleichbedeutend mit uneingeschränkter Aufmerksamkeit und klarem Erkennen. Bei Halbbewusstheit bekommt man zwar nicht alles mit, was sich abspielt, aber „unterschwellig" doch immerhin genug, um beeinflusst zu werden. Unbewusstheit ist im Fall von „null Aufmerksamkeit" gegeben, wenn man also wirklich gar nichts mitbekommt.

Ein Beispiel: Sie gehen über einen Friedhof, eine mittelalterliche Richtstätte, ein Schlachtfeld oder ein Konzentrationslager, und hinterher haben Sie nächtelang Albträume. Wieso? Weil die dort herumhängenden alten Spannungsfelder sich Ihnen samt Erlebnisinhalt und Emotion anhängten. Sie haben bei Ihrem Besichtigungsgang sozusagen eine Mentaldatei heruntergeladen, und dieses psychische Informationspaket hängt Ihnen nun an.

Das konnte deswegen geschehen, weil es Sie gegruselt hat. Sie spürten, „hier ist irgendwie was Ungutes", nahmen aber nicht die komplette Mentaldatei wahr, sondern nur deren emotionale Schwingung, und davor gruselte es Sie. Diese Halbbewusstheit in Verbindung mit der Abwehr führte zur Anhaftung. Hätten Sie sich voll bewusst auf die Schwingung und die komplette Mentaldatei mit sämtlichen üblen Bildsequenzen eingelassen, so wären diese durch Sie durchgerauscht, ohne Spuren zu hinterlassen.

Telepathischer Streit im Biergarten

Schauen wir uns nun einmal anhand einer kleinen Geschichte an, wie sich Projektion und Reflexion zwischen zwei Menschen vollziehen. Das sind rein telepathische Interaktionen, bei denen man etwas spürt und spontan reagiert, jedoch nichts davon erwähnt. Anders gesagt, was gesprochen wird, hat häufig nichts mit dem zu tun, was gespürt und wie reagiert wird.

Hier die Szene: Herbert sitzt mit Rita im Biergarten. Ein lauer Sommerabend, beide sind bester Laune. Herbert ist gerade dabei, Rita zu einem Campingurlaub zu überreden, da entdeckt er am anderen Ende des Biergartens seinen Steuerberater, der freundlich herüber winkt. Augenblicklich sind Herberts Gedanken bei der empfindlichen Steuernachzahlung, die er zu leisten hat. Ihn erfasst Zorn, weil er die Forderung für ungerecht hält. Er sagt nichts, aber seine Rechte krampft sich ums Bierglas. Diese Ungerechtigkeit! Ein Schleusentor öffnet sich und eine Flut von Erinnerungen strömt hervor. Eine Ungerechtigkeit ruft die nächste auf. Bis zurück in den Kindergarten reichen die Bilder, als er zum ersten Mal verhauen wurde. Von vorn bis hinten nichts als Ungerechtigkeit im Leben. Herbert Blick verdüstert sich.

All dies spielt sich im geistigen Hintergrund ab. Zwar ist die Rede nach wie vor vom Campingurlaub, doch der Charme des Abends ist dahin. Rita bemerkt Herberts verkrampfte Hand, seine veränderte Stimme und die düstere Stimmung, und bezieht es auf sich. Als unbewusste Reaktion darauf zieht Rita sich zurück und sagt als Notlüge, nein, Termin leider vergeben, sie wird bereits mit einer Freundin in Urlaub fahren.

Herberts hintergründiger Zorn wächst sich zum Groll aus. Die Luft um ihn wird dick und dicker. Er selbst bemerkt es nicht, Rita aber schon. Sie weiß nichts von seinen Erinnerungsbildern, spürt aber sehr wohl, dass in ihm etwas schwelt. „Was ist denn auf einmal los“, fragt sie ihn, „bist du wegen was beleidigt?“ - „Nein, es ist nichts“, antwortet Herbert knurrig. Während er ins halbleere Bierglas starrt, malt er sich detailliert aus, wie er das Finanzamt in Brand stecken wird.

Rita spürt Herberts Groll, bezieht ihn jedoch auf sich selbst und glaubt, sie hätte ihn ausgelöst. Dass da vielleicht noch ein weiterer, ganz anderer Bezugspunkt eine Rolle spielen könnte (nämlich der Steuerberater bzw. das Finanzamt), kommt ihr nicht in den Sinn, wie auch. Unbewusst geht

Rita nun in emotionale Resonanz mit Herberts Laune. Sie gleitet in eine Unterwürfigkeit hinein. Diese emotionale Stufe ist Ritas unbewusstes Erfolgsrezept gegen Zorn und Groll, ihre davon ausgelöste chronische Emotion. Tief in ihr vergraben stecken Erlebnisse, in denen Unterwürfigkeit ein erfolgreiches Mittel gegen einen Überwältiger war. Von dort bezieht sie nun unbewusst ihre Verhaltensimpulse.

So ausgestattet, versucht Rita nun, Herbert günstig zu stimmen. Sie legt ihm beschwichtigend die Hand auf den Arm und sagt in einem etwas piepsigen Tonfall, sie könne der Freundin ja noch absagen und dann doch mit ihm in Urlaub fahren. Dieses Angebot fasst Herbert als unpassende Gefälligkeit auf, als Schleimerei, und Schleimerei kann er auf den Tod nicht leiden. Auf so was reagiert er mit Hass. Sein eingefahrenes Muster als Reaktion auf Unterwürfigkeit ist Hass. Weswegen er Rita nun angiftet: „Was ist denn auf einmal in dich gefahren? Wieso benimmst du dich so süßlich?"

Rita ist sprachlos und bricht in hilflose Tränen aus, denn auf Hass reagiert sie gewohnheitsgemäß mit Verzweiflung. Sie sinkt in sich zusammen. Herbert steht auf und geht, denn „mir geht das Getue auf die Nerven". Ende eines viel versprechenden Abends ...

• SOUVERÄNER UMGANG MIT EMOTIONEN •

SYNERGIE: MITGEHEN, NICHT DAGEGEN GEHEN

Erst Frau Friedrich und Dewa und nun Herbert und Rita - wie ließe sich das Abgleiten in solche emotionale Tiefen vermeiden? Mit Hilfe der Gelassenheit - mal wieder, man kann es nicht oft genug wiederholen. In der Gelassenheit drückt sich innere Stärke aus: willens sein, etwas anzunehmen; dabei wissend, man wird keinen Schaden nehmen. Mitgehen, nicht dagegen gehen, das ist die Grundformel. Nichts anderes meinte Jesus, als er sagte: Wenn du eine geklebt bekommst, dann halte dem Kerl am besten noch die andere Backe hin. Lass dich von so was nicht beeindrucken. Beschäme den Angreifer, indem du Größe zeigst (Lk VI, 29).

Nun der umgekehrte Fall: Man selbst hat etwas ausgefressen und steht ehrlich dazu, sieht sich aber dessen ungeachtet mit dem Zorn und der Empörung der Betroffenen konfrontiert. Wer hier unerschütterlich zu bleiben versteht, wird nicht darauf reagieren und selbst böse werden. Auch für eine ehrliche Entschuldigung bedarf es der Gelassenheit.

Ein letztes Wort zum Thema Ausstrahlung: auch Heiterkeit wirkt ansteckend. Menschen reagieren nicht nur auf Missstimmungen, sondern auch auf gute, hohe Stimmungen. Wer mit sich und der Welt im Reinen ist, strahlt Heiterkeit aus. Das macht Mut und hebt die trübe Stimmung anderer.

Emotionales Aikido

Was bedeutet dieses „Mitgehen, nicht dagegen gehen" für den praktischen Alltag? Es läuft auf so etwas hinaus wie „emotionales Aikido". Aikido ist eine japanische Kampfkunst, bei der es nicht darauf ankommt, als erster zuzuschlagen und auf diese Weise zu gewinnen. Vielmehr geht es darum, eine Auseinandersetzung gütlich zu bereinigen. Wörtlich übersetzt, heißt Aikido: der Umgang (do) mit Kraft (ki) zum Erreichen von Harmonie (ai). Synergie ist also angesagt, das Miteinander (syn) von Energie, statt dass man kontra gäbe. Spannung abbauen, nicht aufbauen, im Fluss bleiben, das ist der Grundgedanke.

Wenden wir dieses synergetische Prinzip „Mitgehen, nicht dagegen gehen" nun auf die emotionale Stufenleiter an. Sie besteht aus sechs Zonen, wovon drei statisch sind und drei dynamisch. Gelassenheit, Apathie und Paranoia (die Zonen 1, 5 und 6) sind statisch, da geschieht in der Welt keinerlei Aktion. Annehmen, Ablehnen und Rückzug hingegen, die Zonen 2, 3 und 4, sind dynamisch, denn sie gehen mit einer Menge Aktion einher.

Synergie auf Zone 2 würde heißen: will Sie einer umarmen, so lassen Sie ihn. Er zeigt, dass er Sie annimmt, Sie mag, Sie schätzt. Sperren Sie sich nicht dagegen, denn das würde sich gegen den Fluss richten und Spannung erzeugen.

Angewendet auf Zone 3 würde Synergie bedeuten: Plustert sich einer Ihnen gegenüber auf und wird aggressiv, so geben Sie ihm Raum für seine Explosionen. Ziehen Sie sich zurück, bis er seinen Druck abgelassen hat. Dies ist wohlgemerkt ein strategischer Rückzug und kein Zeichen von Angst oder Feigheit. Gegendruck zu erzeugen, wäre einfach keine gute Idee, denn damit würde ein irrwitziges Spannungsfeld aufgebaut.

In Zone 4 könnte Synergie so aussehen: Wenn sich einer vor Ihnen zurückzieht, so rennen Sie ihm am besten nicht hinterher, denn da würde seine Angst nur noch größer werden. Warten Sie ab, bis er sich sicher glaubt, dann können Sie ihn mit angemessenen Mitteln wieder ins Boot holen.

Flieht jemand nach innen und vergräbt sich in seine Traurigkeit, so gilt auch hier: warten Sie ab. Stehen Sie ihm still bei, bis er sich wieder gefasst hat; reden Sie bloß nicht schlau auf ihn ein.

Zone 5, die Apathie, verlangt ein ganz anderes Vorgehen. Hier, in Abwesenheit jeglicher Dynamik, kann man schlecht synergetisch vorgehen. Wo keine Energie ist, kann man nicht mitgehen. Vielmehr muss man welche hineingeben, um Dynamik überhaupt erst anzukurbeln. Wie das zu machen ist, sehen wir im nächsten Abschnitt.

STUFE UM STUFE HINAUF IN HEITERE ZONEN

Wer in tieferen emotionalen Zonen gelandet ist, dem kann man Stufe um Stufe wieder nach oben verhelfen. Zu unterscheiden ist dabei zwischen einem akuten Notfall einerseits und altem, lebenslangen Leid andererseits.

Ein akuter Notfall ist gegeben, wenn der emotionale Absturz erst kürzlich erfolgte und die Wunde noch frisch ist. Ein altes Leid hingegen hat seine Ursache in der fernen Vergangenheit und zeigt sich als chronisch niedergedrückte Stimmung. Beiden Fällen ist jeweils ein Abschnitt gewidmet.

Für den akuten Notfall: drei Schritte

Ist jemand in Tränen aufgelöst, starr vor Entsetzen oder tobend vor Zorn oder Ärger, und ist das schockierende Erlebnis noch nicht lange her, so empfehlen sich drei Schritte: Beruhigen - Orientieren - Trösten. Bitte nicht „mal vernünftig mit dem reden". Dafür ist der Betreffende in seinem Zustand der Aufgewühltheit nicht offen. Besser ihn erst beruhigen, dann ihn orientieren und erst ganz am Ende zur Klärung der Sachlage übergehen und ihm Mut machen.

Schritt 1, Beruhigen: Bleiben Sie nahe bei dem Betroffenen, wenn möglich mit Körperkontakt (falls gestattet). Legen Sie ihm die Hand auf die Schulter, nehmen Sie ihn eventuell in den Arm. Begleiten Sie ihn auf diese Weise, bis er sich beruhigt hat. Begleiten Sie ihn schweigend, sagen Sie nichts, fragen Sie nichts. Halten Sie Kontakt und warten Sie ab, bis die emotionale Welle durchgerauscht ist und der Betreffende ruhiger wird.

Schritt 2, Orientieren: Helfen Sie nun dem Betroffenen, sich zu orientieren. Seine gesamte Aufmerksamkeit ist auf den gerade erlebten Schock fixiert, sei es Unfall oder Verlust. Er hat einen Tunnelblick und nimmt nichts wahr als das gerade Erlebte. Diese Aufmerksamkeitsfixierung gilt es zu lösen. Das erreichen Sie, indem Sie den Betreffenden hinsichtlich seiner unmittelbaren Umgebung orientieren. Orientiert sein ist das Gegenteil von fixiert sein. Fordern Sie ihn auf, um sich zu blicken. Seine Aufmerksamkeit wird sich aus dem Tunnelblick lösen und in die Breite gehen. Eine Wahrnehmung von Raum und Körper wird entstehen, ein Überblick über links und rechts, oben und unten, hinten und vorne, ein Gespür für Arme, Beine, Körperhaltung, Herzschlag, Atmung. Orientiert sein bedeutet auch, einen Überblick über die Zeit zu gewinnen, über jetzt und vorhin und nachher.

Fordern Sie den Betroffenen mit ganz konkreten Anweisungen auf, sich zu orientieren. Ihnen kommt es zu, seine Aufmerksamkeit zu lenken, denn er selbst bringt es nicht fertig. Dafür taugen ganz einfache Fragen: Siehst du dies? Siehst du das? Spürst du dies? Spürst du das? Machen Sie ihn zunächst auf die Umgebung aufmerksam, dann auf seinen Körper, etwa in dieser Form: „Fass die Wand an. Spürst du sie? - Gut. - Drück fest dagegen, bis du sie spürst. - Gut. - Fass den Tisch an. - Wunderbar. - Berühr die Stuhllehne. - Okay. - Schau aus dem Fenster auf den Baum da drüben. - Gut." – Und dann: „Berühr deine Beine mit der Hand. Deinen Kopf. Deine Brust. Fühlst du die Wärme deines Körpers? Spürst du deinen Atem? Deinen Herzschlag?" - Und so weiter in dieser Art. Bringen Sie ihn mit den Dingen der Umgebung in Kontakt, setzen Sie seine sinnliche Wahrnehmung in Gang. Es kann eine Weile dauern, insbesondere, wenn er die Augen mit den Händen bedeckt hält oder das Gesicht in seinen Armen vergräbt. Geduld!

Schritt 3, Trösten: Erst wenn der Betroffene wieder einigermaßen bei sich ist, wenn er wieder im Hier und Jetzt angekommen ist, ist er für tröstenden Zuspruch empfänglich. Erst dann dürfen Sie fragen, was ihm zugestoßen ist. Erst dann wird Ihr Zuspruch gehört, ist Ihr guter Rat am Platze, erst dann können Ihre Lösungsvorschläge greifen. Kommen Sie ihm damit zu früh, hört der Betroffene entweder gar nicht zu oder fühlt sich sogar bedrängt.

Für altes Leid: drei Fragen

Geht es um ein lange zurückliegendes Erlebnis, so hat sich der Betroffene in der Zwischenzeit zumeist damit arrangiert. Er hat sich in die Unabänderlichkeit seiner Situation gefügt, hat es sich sozusagen auf einer emotionalen Stufe irgendwo zwischen Ärger und Apathie eingerichtet. Man erkennt das an Sätzen wie: „Es ist halt, wie's ist / da muss man sich mit abfinden / da kann man eh nichts mehr dran machen / dumm gelaufen / da muss man halt durch."

Das Rezept „beruhigen, orientieren, trösten" würde hier nicht greifen, denn er ist ja in keinem aufgescheuchten Zustand. Vielmehr sollte man den Betroffenen gezielt auf dessen Befindlichkeit ansprechen - jedoch nur, falls es einen etwas angeht und falls er dies wünscht, und nicht etwa aus Neugier. Denn grundsätzlich darf jeder sein und bleiben, wie er ist; jeder hat ein Recht auf Privatsphäre. Unabdingbare Voraussetzung für gutes Gelingen sind Zeit, Geduld und Liebe für den Gesprächspartner. Auf die Schnelle geht hier nichts. Fangen Sie kein Gespräch an, das Sie nicht auch zu Ende führen können.

Um das Gespräch in Gang zu bringen, genügen drei Fragen. So simpel sie sein mögen, tun sie Ihre Wirkung. Die erste Frage bezieht sich nicht auf das ursprüngliche Erlebnis, auf die Ursache des Leids (das vermutlich eh nicht verfügbar ist, da verdrängt), sondern auf die beobachtete Stimmungsschwankung (die gerade erlebte Einschaltung einer Erinnerung und deren Dramatisierung). Erst die zweite Frage bezieht sich auf Hintergrund und Verlauf des beklagten Zustands und geht zurück zur Ursache. Mit der dritten wird die Eigenverantwortung angesprochen. Erst wenn diese erkannt worden ist, kann sich jemand selbst verzeihen. Erst dann ist er wieder froh.

Erste Frage: „Was ist denn da gelaufen, dass du auf einmal so wütend / ärgerlich / traurig / resigniert daher redest? Was hast du? So bist du doch sonst nicht?“

Der Betroffene wirkt anders, als Sie ihn kennen. Naturgemäß würde man da fragen, was los ist, ganz normal. Der Gesprächspartner wird vielleicht erst mal ausweichend antworten; man muss ihm Mut machen. So kommt das Gespräch vielleicht in Gang. Nur, wenn er will!

Zweite Frage: „Wie ist es dazu gekommen, dass es dir jetzt so geht? Wie hat sich das entwickelt? Womit fing es an?“

Mit dieser zweiten Frage helfen Sie Ihrem Gesprächspartner, die Verkettung von Ursache und Wirkung zu betrachten, die dazu führte, dass es ihm jetzt schlecht geht. Wenn früher alles in Ordnung war und jetzt nicht mehr, muss sich ja etwas ereignet haben, das den Betroffenen aus der Bahn warf. Was führte zu dieser Entgleisung? Das herauszufinden kann eine Weile dauern. Dieser Teil des Gesprächs ist der längste.

Ihr Gesprächspartner wird seine Erzählung weder logisch noch chronologisch gestalten. Vielmehr wird er sich an dem orientieren, was ihm gerade als Wichtigstes in den Sinn kommt. Vielleicht fängt er mit dem Ende an, vielleicht setzt er irgendwo in der Mitte ein. Er wird beim Erzählen zwischen Anfang, Mitte und Ende hin und her springen. Das macht alles nichts. Hauptsache, er erzählt! Damit lösen sich Schock und Verwirrung. Tränen werden fließen, Wut und Ärger sich lautstark bemerkbar machen. Allmählich wird es ihm gelingen, die Ereignisse in die richtige Abfolge zu bringen. Gleichzeitig wird sich seine emotionale Spannung mehr und mehr entladen und die Last des Erlebnisses allmählich von ihm abfallen. Erst wenn sich dieser Schwall beruhigt hat, ist es Zeit für Frage 3.

Dritte Frage: „Auf welche Weise könntest du dazu beigetragen haben, dass das damals so kommen konnte?"

Ein bisschen Verantwortung für das Geschehene trägt auch das Opfer. Es könnte nichts weiter gewesen sein als eine kleine Unaufmerksamkeit. Man schaute beim Überholen nicht in den Rückspiegel und schon kam es zum Zusammenstoß. Man las das Warnschild nicht, weil es schon zu dunkel war, und geriet in die Lawinenzone. Kleine Unaufmerksamkeiten mit großer Auswirkung. Erkennt der Gesprächspartner erst einmal, dass er nicht nur Opfer, sondern vielleicht auch ein kleines Bisschen Täter war, erkennt er seinen Beitrag daran, dass es kommen konnte wie es eben kam, dann hat er gewonnen. Dann kann er wieder lachen. Ende des Gesprächs.

Emotionale Explosionen heißen: es geht aufwärts!

Als Gesprächsleiter müssen Sie auf emotionale Ausbrüche wie auch grausige und brutale Gesprächsinhalte gefasst sein. Mitgefühl und Akzeptanzvermögen sind das A und O. Indem Sie Ihren Gesprächspartner in seine emotionalen Tiefen begleiten, reichen Sie ihm sozusagen eine Hand, an der er sich wieder nach oben ziehen kann. Die Kraft, die Sie ihm geben, ist sein Auftrieb. Seine Resilienz hängt von Ihrer Empathie ab (Resilienz ist die Kraft, sich wieder aufzurichten).

Der Weg nach oben ist von beträchtlichen emotionalen Explosionen begleitet. Sie sind deswegen unausbleiblich, weil höhere emotionale Stufen sich durch mehr Dynamik auszeichnen als niedrige. Steigt also das Stimmungsbarometer von Frost auf Schönwetter, so kommt es zwischendurch zu einer Phase des Auftauens, in der die Fetzen fliegen und die Tränen fließen. Explosive Gemütswallungen sind daher ein gutes Zeichen. Lassen Sie sich davon nicht abschrecken. Machen Sie weiter, Sie sind auf dem richtigen Weg. Verabreichen Sie ihrem Gesprächspartner kein Beruhigungsmittel, schenken Sie ihm keinen Schnaps ein. Sondern bleiben Sie mit freundlicher Beharrlichkeit beim Thema, denn es löst sich ja etwas!

UNENTBEHRLICH: DIE SIEBEN KOMMUNIKATIONSFAKTOREN

Ein heikles oder peinliches Gespräch erfolgreich zu leiten, ist wahrlich keine leichte Aufgabe. Als Gesprächsleiter müssen Sie in jedem Augenblick die Übersicht behalten und Ruhe bewahren; schließlich handelt es sich nicht um eine nette Plauderei. Sie „führen" das Gespräch buchstäblich, insofern Sie Ihren Gesprächspartner immer wieder zum Gesprächsthema zurück lenken, wenn er abzuschweifen droht. Ihre Fragen und Anmerkungen dienen ausschließlich dem Gesprächszweck, und der ist: dem Gesprächspartner zu Klärung, Erkenntnis und Befreiung zu verhelfen.

Zur intensiven und ergebnisreichen Gesprächsführung sind die *sieben Kommunikationsfaktoren* unabdingbar. Einige wurden bereits erwähnt: Einstimmung, Anteilnahme, Nachdruck, Beharrlichkeit. Sie heißen deswegen „Faktoren", weil sie etwas „machen", denn ein *faktor* (lateinisch) ist ein Macher. Die sieben Kommunikationsfaktoren bewirken gute Kommunikation. Hier sehen Sie alle sieben auf einen Blick:

❶ **Gesammeltheit**
Ich ruhe in mir.

❷ **Achtsamkeit, Eingestimmtheit**
Du interessierst mich.

❸ **Freundliche Gelassenheit**
So etwas wirft mich nicht um.

❹ **Nachdrücklichkeit, Intensität**
Ich meine dich.

❺ **Achtung, Respekt**
Du bist in Ordnung, wie du bist.

❻ **Beharrlichkeit**
Ich bleibe dran.

❼ **Anteilnahme**
Ich kann mich da einfühlen.

Alle sieben Kommunikationsfaktoren zusammengenommen bewirken angenehme Kommunikationsqualität, ein „gutes Gesprächsklima", wie man auch sagt. Mit ihrer Hilfe lässt sich emotionales Verständnis mit freundlicher Resolutheit verbinden. Ein resoluter Mensch weiß, wo es lang geht. Er kennt die Lösung (in „resolut" steckt solution, das englische Wort für „Lösung"). Diese Lösung aber darf er nicht grob, ruppig oder überwältigend schnell vermitteln, sonst hängt er seine Gesprächspartner oder Kollegen ab und niemand macht mit. Vielmehr muss er mit emotionalem Verständnis zu Werke gehen, und das bedeutet: die Leute da abholen, wo sie emotional stehen, und sie mitnehmen. Motivieren lässt sich nicht mit Zwang, sondern nur über das In-Aussicht-Stellen einer besseren Zukunft.

Einfacher ausgedrückt, wirkt ein guter Gesprächsleiter sowohl nett wie auch nachdrücklich. Er verfügt über Durchblick und Menschenliebe. Das gibt ihm Charme und Charisma, es macht ihn buchstäblich unwiderstehlich. Auf solche Art lassen sich Menschen gerne führen; sie fühlen sich wohl dabei.

Jeglicher Kommunikationsmisserfolg lässt sich auf die Missachtung des einen oder anderen Kommunikationsfaktors zurückführen. Ist Ihnen also einmal ein Gespräch misslungen, so lässt sich nachträglich anhand der Kommunikationsfaktoren herausfinden, an welchem es lag. In Zukunft können Sie dann gezielt auf genau diesen achten und so Ihre Gesprächsqualität verbessern. Jede Gesprächssituation, ob mündlich, schriftlich, musikalisch, künstlerisch oder telepathisch, lässt sich mit Hilfe der sieben Kommunikationsfaktoren optimieren.

❶ Gesammeltheit

Gesammeltheit, Achtsamkeit und Gelassenheit, die ersten drei Kommunikationsfaktoren, bilden das innere Zentrum, das es in der Dynamik eines Gesprächs unter allen Umständen zu halten gilt. Verliert man sein Zentrum, so tritt das Gegenteil des Erwünschten ein, nämlich Zerstreutheit, Unachtsamkeit und Fahrigkeit.

Gesammeltheit bedeutet, Sie ruhen in sich. Sie spüren Ihre Mitte, Ihr Zentrum. (Eine der praktischen Übungen später hat genau dies zum Ziel.)

Mit „Zentrum" ist übrigens nicht das sogenannte Hara im Bereich des Nabels gemeint, das bei asiatischen Kampfkünsten von solcher Bedeutung ist, nicht also die Chakren 2 und 3. Um in sich zu ruhen, ist es durchaus nicht erforderlich, ständig an seinen Bauchnabel zu denken. Gesammeltheit bedeutet, bei sich zu sein, geistig-seelisch im Lot zu sein, innerlich nicht von Konflikten zerrissen zu sein, keine Selbstzweifel zu haben. Integrität des Seins ist das stabilisierende Zentrum, nicht der Bauchnabel.

❷ Achtsamkeit

Indem Sie auf Ihren Gesprächspartner achten und sich auf ihn einstimmen, nehmen Sie ihn bewusst wahr, und zwar nicht bloß mit den Augen. Vielmehr spüren Sie seine Befindlichkeit, erfassen seine Gemütslage. Es ist unsinnig, ein Gespräch zu führen, ohne sich zuvor der Aufmerksamkeit des Gesprächspartners versichert zu haben. Ist er durch irgendetwas Äußeres oder Inneres abgelenkt, so dringt man nicht zu ihm durch. Stimmen Sie sich deswegen auf seine Befindlichkeit ein, bevor Sie loslegen. Sonst fühlt er sich überrollt oder registriert Sie vielleicht nicht einmal. „Erst einstimmen, dann reden", ist eine gute Regel.

❸ Freundliche Gelassenheit

Erscheinung, Ausstrahlung, Eigenarten und „blöde Kommentare" Ihres Gesprächspartners dürfen Sie keinesfalls umwerfen oder zu Kommentaren provozieren. Damit wäre ein anfangs erfolgversprechendes Gespräch bald zu Ende und könnte womöglich in Enttäuschung und Streit enden. Bleiben Sie unter allen Umständen unerschütterlich, wahren Sie freundliche Gelassenheit, halten Sie innerlich Verbindung mit Ihrem Zentrum. Ist ihr Akzeptanzvermögen so weiträumig und stabil wie eine Konzerthalle, dann kann Ihnen kein falscher Ton etwas anhaben. Denn bloß wegen eines falschen Tons bricht keine Konzerthalle zusammen.

Ein Beispiel: Sie gehen wegen einer Gehaltserhöhung zum Chef. Der Chef ist wegen irgendwelcher Vorgänge schlecht gelaunt. Sie aber beziehen es auf sich und bekommen weiche Knie. Ihre Gelassenheit verflüchtigt sich, der Mut verlässt Sie. Ende des Gesprächs.

Dass wir die auf uns gerichteten Absichten des Gegenübers wahrnehmen, ist übrigens ein weiteres Beispiel für Telepathie im Alltag. Man erahnt, was der andere vorhat, noch bevor er es in Muskelkraft umgesetzt hat oder sonst wie aktiv geworden ist. Sportarten wie Tennis, Fußball oder Judo wären ohne Vorahnung nicht durchführbar, und Vorahnung beruht auf Telepathie. Noch vor dem physisch ausgeführten Angriff müssen Sie erahnen, was der andere vorhat. Wäre man hier zu verschlafen (Faktor 2) oder würde sich beeindrucken lassen und ängstlich reagieren (Faktor 3), so wäre das Spiel verloren.

❹ Nachdrücklichkeit

Die ersten drei Faktoren stellen das Zentrum her. Ist es stabil eingerichtet, so lässt sich von dort aus gezielt ein Aufmerksamkeitsstrom oder -strahl nach außen richten, zum Gesprächspartner hin (oder was immer der Bezugspunkt sein mag). Sie erstrecken eine aus Aufmerksamkeit und Absicht gebastelte mentalenergetische Linie zu ihm hinüber, eine Kommunikationslinie. Auf ihr rollt Ihre Botschaft zum Partner hinüber wie die Kugel auf der Kegelbahn. Schiebt man die Kugel nicht kräftig genug an, bleibt sie auf halber Strecke liegen und kommt nicht ans Ziel; schiebt man zu kräftig, so kann das Schäden verursachen. Angemessener Nachdruck ist deshalb geboten, ob am Telefon, per E-Mail, mündlich oder telepathisch.

Die Lautstärke der Stimme ist dabei nachrangig; bei einer E-Mail oder einem Brief spielt sie gar keine Rolle. Entscheidend ist die Willenskraft, die Stärke der Absicht. Ohne Willenskraft kein Nachdruck, ohne Nachdruck keine Kommunikationsbrücke zum Gesprächspartner hinüber.

❺ Achtung und Respekt

Bisher sprachen wir vom Ausströmen von Aufmerksamkeit und vom Senden einer Botschaft. Nun zur Ergänzung dessen, zum Empfang, zum Einströmenlassen: Aufmerksamkeit, Worte, Gesten, Absichten und emotionale Schwingungen kommen vom Gesprächspartner herübergeströmt. Man nimmt sie auf, integriert sie in das eigene Zentrum, lässt sich davon nicht im Geringsten erschüttern - und begegnet allem Empfangenen mit Achtung und Respekt. Selbst wenn das Gegenüber samt seinen Ansichten und Überzeugungen das größte Rindvieh aller Zeiten sein mag, ist er jenseits all dieser Differenzen ein Mensch, nicht anders als man selbst, und es steht ihm zu, entsprechend behandelt zu werden.

Ein Gesprächspartner öffnet sich einem nicht wegen der messerscharfen Kritik, die man an ihm haben mag, sondern durch die Signale von Einfühlung und Verständnis, die man ihm gibt. Menschen möchten sich begriffen fühlen - nicht intellektuell begriffen, sondern menschlich. Dementsprechend fühlt sich ein Gesprächspartner durch eine angemessene Bestätigung aufgewertet. Wie gewinnt man Freunde? Mit Würdigung und Bestätigung.

Art und Ausmaß von Bestätigung und Würdigung hängen von der jeweiligen Situation ab. Fragt man jemanden nach dem Weg zum Bahnhof, so sagt man nach erhaltener Antwort mit Selbstverständlichkeit „danke", eine für diesen Fall völlig angemessene Bestätigung. Würde man ihm für seine Auskunft ein Trinkgeld zustecken, so wäre das unangemessen und beleidigend. Nicht unangemessen und beleidigend wäre es hingegen, würde man zehn Euro in die Kaffeekasse der Hotelrezeption stecken, nachdem sich die Rezeptionistin engagiert bemüht hat, etwas für den Gast herauszufinden. Andere übliche Formen der Bestätigung sind Blumen oder Schokolade, ein Literaturpreis, ein hochklassiger Dienstwagen, Medaillen, Pokale. Was angemessen ist, hängt von der jeweiligen Gelegenheit ab und reicht von einer einfachen Bestätigung mit „hm" bis zur formellen Würdigung mit Verdienstorden und Staatsbankett.

❻ Beharrlichkeit

Beharrlichkeit entsteht, wenn man seine Nachdrücklichkeit für längere Zeit aufrechterhält - so lange, bis sich das gewünschte Ergebnis schließlich eingestellt hat. Man gibt eine Anweisung, hat eine Bitte, äußert einen Wunsch, formuliert eine Anfrage. Nun wartet man ein angemessenes Weilchen. Geschieht nichts, so würde man die Anweisung, die Bitte, den Wunsch, die Anfrage wiederholen, und zwar nicht mit Empörung „über diese Unverschämtheit, dass die Kerle einen einfach ignorieren“, sondern geduldig, freundlich und mit Verständnis für mögliche Probleme am anderen Ende der Kommunikationslinie. Vielleicht hat der Empfänger die Botschaft übersehen, nicht gehört, nicht gelesen, vielleicht gar nicht erst empfangen. Sein Computer brach zusammen, die Post streikte, sein Hund war entlaufen, seine Schwiegermutter musste in die Klinik, was auch immer. Shit happens. Vielleicht hat man den Empfänger auch in Verlegenheit gebracht und er drückt sich um die Antwort. Weil man das alles nicht weiß, ist es auf jeden Fall empfehlenswert, erneut freundlich auf ihn zuzugehen und höflich nachzufragen.

Beharrlichkeit ist unumgänglich, doch darf sie nie genervt, nörgelnd oder gehässig wirken. Selbst wenn man in allen Punkten Recht hätte, würde solches Verhalten den Gesprächspartner abschrecken. Förderlich ist nur eine freundliche Beharrlichkeit. Immer und unter allen Umständen gilt es, Gelassenheit zu wahren und den Respekt vor dem Partner nicht zu verlieren.

❼ Anteilnahme

Angenommen, ein Gesprächspartner würde „ohne vernünftigen Grund“ wütend, ärgerlich oder traurig, wäre entsetzt oder geriete in Panik. Was nun? Da würde man seine Anweisung oder Frage nicht einfach wiederholen, den Zustand des Gesprächspartners ignorierend. Das wäre kalt, herzlos, zynisch, würde zu nichts führen und das Ganze eventuell noch schlimmer machen. Angesichts emotionaler Widerstände ist Beharrlichkeit nicht das Mittel, ein Gespräch wieder auf die gewohnten Gleise zu heben. Vielmehr würde man den Gesprächspartner emotional stabilisieren und damit seine Gesprächsbereitschaft wiederherstellen. Man würde Anteilnahme an seiner Befindlichkeit zeigen, indem man auf angemessene Weise auf sie eingeht.

Ist jemand zornig, ängstlich, verzagt, weinerlich, so sieht er alles nur noch durch diese Brille und ist „vernünftigen" Gedanken verschlossen. Kein sachliches Gespräch kann da noch geführt werden. Es bleibt einzig und allein, den Betreffenden durch Zuspruch und Trost emotional aufzufangen.

Alle vorherigen Kommunikationsfaktoren kommen hier in stärkstem Maß zur Geltung: innere Sammlung, konzentrierte Achtsamkeit, Ruhe und Gelassenheit, Nachfragen mit angemessenem Nachdruck, wertfreie Bestätigungen ohne Besserwisserei, Beharrlichkeit mit Fingerspitzengefühl. Nur so gelingt es, auf jemanden so einzugehen, wie er es in seinem Zustand braucht. Dieses Auf-jemand-eingehen-und-ihm-heraushelfen, das ist Anteilnahme.

Den Zustand des Gesprächspartners zu ignorieren, ihn zu beraten oder gar zu tadeln - mit Sätzen wie „stell dich nicht so an / wird ja nicht so schlimm sein / geht vorbei / anderen Leuten geht's viel dreckiger als dir / also mir geht´s da immer so-und-so" usw. usw. – das würde es nur schlimmer machen. Zudem könnte seine Beziehung zu Ihnen einen unheilbaren Knacks bekommen. Nehmen Sie ihn deswegen an, wie er gerade ist. Er braucht keine klugen Ratschläge, sondern Schutz. Nur im Gefühl der Geborgenheit wird er sich emotional erholen und erstarken. Erst anschließend, hinterher, nach erfolgter Erholung - ob das nun 5 Minuten dauert oder fünf Stunden - hätte er wieder die Kraft, sich dem anstehenden Gespräch zu widmen. Um es zu wiederholen: seine Resilienz hängt von Ihrer Empathie ab. Nicht nur, klar, aber in hohem Maß.

Kurz zusammengefasst: Gerät ein Gesprächspartner in die negativen Zonen von Empörung abwärts, ist es sinnlos, so zu tun, als wäre nichts, denn von diesem Moment an ist er buchstäblich geistesabwesend. Er ist geistig nicht mehr bei Ihnen, sondern woanders. Deswegen wird er nicht mehr richtig zuhören. Da bleibt nur liebevolle Anteilnahme, bis sich die Gemütswallung beruhigt hat. Anschließend lässt sich das Gespräch an der Stelle wieder aufnehmen, wo es entgleiste.

Analyse des Bali-Urlaubs anhand der Kommunikationsfaktoren

Mit Hilfe der Kommunikationsfaktoren lässt sich herausarbeiten, wie es zu der Bali-Tragödie kommen konnte.

Vor ihrer Begegnung sind Frau Friedrich und Dewa beide gesammelt. Sie als Touristin wie auch er als Zimmerkellner sind „ganz bei sich". Sie haben keine inneren Zweifel hinsichtlich ihrer Rolle, ihrer Wünsche und Ziele (Faktor 1).

Im Moment der Begegnung achtet Dewa jedoch nicht auf den Jubel Frau Friedrichs, sondern hat nur seinen Job im Sinn; Frau Friedrich ihrerseits registriert vor lauter Begeisterung nicht einmal Dewas Anwesenheit (Faktor 2).

Ihre Gelassenheit verliert Frau Friedrich im Moment der Empörung. Da ist sie verblüfft und gerät in Zweifel über sich selbst. Ihr Zentrum gerät ins wanken (Faktor 3). Dewa hingegen verliert seine Gelassenheit deswegen nie, weil er Touristen nicht ernst nimmt, nur bei sich selbst und seinem Job bleibt und sich kein bisschen auf Frau Friedrich und ihren sich ständig verschlechternden Zustand einstimmt. Er projiziert eine angelernte Voreinstellung auf Frau Friedrich („diese Touristen") und nimmt sie als Mensch nicht wahr.

Ihren kräftigsten Nachdruck hat Frau Friedrich im Trotz. Als sie Dewa im Zustand der Wut zurückstößt, ist ihr Nachdruck zwar stärker, aber sie agiert nicht mehr bewusst und kalkuliert, sondern reagiert ihre Spannung ab. So oder so ist ihr Nachdruck der Lösung der Situation nicht zuträglich (Faktor 4). Im Gegensatz dazu bleibt Dewas Nachdrücklichkeit durchgängig gleich - und genau das treibt Frau Friedrich in den Wahnsinn. Egal was sie unternimmt, sie erreicht Dewa nicht.

Keiner von beiden bestätigt den anderen. Frau Friedrich müsste, statt Dewas Mission abzulehnen, seine Dienstbeflissenheit laut und vernehmlich loben, wenn nötig mit Hilfe eines Übersetzers, um ihn von seinem Dienst abzubringen. Dewa seinerseits begreift zu keinem Zeitpunkt, was in Frau Friedrich vorgeht, und gibt daher keinerlei Verständnis-Signale. Beiden fehlt es an Achtung und Respekt (Faktor 5).

Dewa verfügt über eine Beharrlichkeit, die treffender als Sturheit zu bezeichnen wäre, da es ihm an jeglicher Achtsamkeit mangelt. Hingegen wird Frau Friedrichs Beharrlichkeit mit jedem Vorstoß Dewas schwächer und versiegt im Zustand der Apathie schließlich völlig (Faktor 6).

Anteilnahme an der Befindlichkeit des Gegenübers haben beide nicht, weder Frau Friedrich noch Dewa (Faktor 7), was nicht verwunderlich ist, weil dieser Kommunikationsfaktor auf den vorherigen aufbaut, und dieser war nicht in ausreichendem Maß gegeben.

FÜR FEINSCHMECKER: DER EMOTIONS-BURGER

Eine anerkennende Bestätigung, die den Gesprächspartner zufrieden stimmt, ist das unmissverständliche Signal von Anteilnahme, Mitgefühl, Empathie. Leider wird dieses löbliche Tun häufig unterlassen, und deswegen sollten wir der Sache ein paar Zeilen widmen. Unschöne Beispiele gibt es genug: man teilt jemandem etwas mit und bekommt entweder keine oder eine unpassende Antwort; man vergibt einen Auftrag und hört ewig nichts von der angesprochenen Firma; man verschickt eine SMS oder E-Mail und fragt sich mangels Rückmeldung, ob sie je ankam. Oder man trifft eine Verabredung über WhatsApp und trotz klar kommunizierter Uhrzeit und Ort kommen viermal Rückfragen, ob sich vielleicht was geändert hat, und wenn man das nicht jedes Mal bestätigt, kommen die Leute nicht. Ihrerseits bestätigen sie jedoch nicht ein einziges Mal. Alles das führt beim Sender zu Ärger und Missmut. Von Seiten des Empfängers wäre dies leicht zu vermeiden, würde er sich die Mühe machen, dem Sender eine klitzekleine, aber angemessene Bestätigung auszusprechen. Der Sender würde es ihm danken.

Eine angemessene Bestätigung auszusprechen, ist kein leichtes Ding. Sachlich-knappe Rückmeldungen wie „hab dich gehört", „Mail angekommen, Antwort folgt" oder eine automatisch generierte Empfangsbestätigung wirken zwar beruhigend, sind indessen für menschlich-seelische Bedürfnisse ungenügend. Von einer menschlich-seelisch angemessenen Bestätigung wird mehr gefordert. Nicht allein die Beachtung des Inhalts reicht da aus, auch Emotion und Absicht des Senders wollen berücksichtigt sein.

Jegliche zwischenmenschliche Kommunikation hat drei Ebenen: Was einer sagt (sachlicher Inhalt), wie er es sagt (Emotion) und wieso er es sagt (Absicht, Intention, Bedeutung). Im Vergleich mit einem Sandwich oder Cheeseburger: unten die sachliche Scheibe Brot, oben die intentionale, dazwischen die leckeren Emotionen, und fertig ist der Emotionsburger.

Möchten Sie Ihrem Gesprächspartner ein seelisches Wohlgefühl vermitteln, so müssen Sie ihn auf allen drei Ebenen nicht nur verstehen, sondern ihm dies auch deutlich signalisieren. Erst dann wird er sich rundum von Ihnen angenommen fühlen. Ihr Signal besagt: „Ich habe dich bemerkt. Ich habe gehört, was du inhaltlich gesagt hast. Ich habe registriert, wie du es gesagt hast. Ich habe kapiert, wieso du es gesagt hast und was du damit meinst." Wenn Sie das fertig bringen, hätten Sie eine tadellos angemessene Bestätigung ausgesprochen. Ihr Gesprächspartner würde schnurren wie eine Katze, die gerade einen Emotionsburger vertilgt hat.

Der Emotionsburger

Inhalt	Was sagt er?
Emotion	Wie sagt er es?
Absicht	Wieso sagt er das, was meint er damit?

Ein Beispiel: Fritz kommt in Gummistiefeln und mit Angelrute unterm Arm vorbei und ruft strahlend herüber: „He, ich gehe angeln." Er befindet sich auf einer hohen Emotionsstufe, nämlich Freude.

Inhaltliche Bestätigung: „Ah ja. Du gehst also angeln." Das klingt langweilig und trocken. Fritz fühlt sich mit Desinteresse behandelt und abgewiesen.

Emotionale Bestätigung: „Du freust dich ja richtig drauf. Viel Spaß dann!" Schon besser, seine Emotion wurde richtig erkannt und entsprechend bestätigt. Fritz fühlt sich ernst genommen.

Absichtsbestätigung: „Und du wirst die dickste Forelle im ganzen Bach fangen, stimmt's?" Treffer! Genau das ist seine Absicht. Fritz fühlt sich erkannt und muss lachen.

Die Absichtsbestätigung sitzt auf den beiden darunter liegenden Kommunikationsebenen und fasst sie zusammen. Bestätigt man also auf der Absichtsebene, so erreicht man seinen Gesprächspartner in voller Breite, was selbstverständlich wunderbar bei ihm ankommt. Wollen Sie Freunde gewinnen? So geht das.

VERSTÄNDNIS UND EINVERSTÄNDNIS SIND ZWEIERLEI

Indem Sie würdigen und bestätigen, verbreiten Sie ein angenehmes Gesprächsklima. Ihre Mitmenschen fühlen sich anerkannt, angenommen, beachtet, respektiert. Es gibt kein besseres Mittel als die angemessene Bestätigung, um Arbeitsmoral und Kampfgeist anzuheben. Im Kommunikationsfaktor 5 steckt somit das ganze Geheimnis erfolgreicher Motivation von Kameraden, Kollegen und Mitarbeitern. Was aber keinesfalls darauf hinaus läuft, mit allem einverstanden zu sein, was Sie bestätigen. Denn Sie bestätigen den Menschen selbst, nicht dessen Thema, Emotion oder Absicht. Sie bestätigen den Menschen, der jenseits von Inhalt, Emotion und Intention steht, und der ihr Träger ist.

Bestätigen bedeutet Verstehen. Verständnis ist jedoch nicht gleichbedeutend mit Einverständnis. Verstehen bedeutet nicht, völlig in Ordnung zu finden, wie einer ist und was er denkt, sagt und treibt - durchaus nicht! Bestätigen bedeutet zunächst einmal nichts weiter, als dem Gesprächspartner zu zeigen, dass man ihn auf allen drei Ebenen versteht. Damit signalisiert der Empfänger dem Sender, dass er die Welt von dessen Warte aus zu sehen vermag. Mehr nicht. Wobei das ganz schön viel ist! Dennoch ist es nicht gleichbedeutend mit Einverständnis.

Insbesondere bei Verstößen gegen Gesetz und Sitte sollte man nach erfolgter Bestätigung verdeutlichen, dass man zwar Denkweise und Handlungsmotive des Gesprächspartners begreifen kann, mit seiner Meinung oder Tat jedoch nicht einverstanden ist. So könnte man beispielsweise verstehen, aus welcher Not heraus der junge Mann der alten Dame die Handtasche geklaut hat, trotzdem würde man ihn als Dieb dingfest machen und ihm entsprechend die Leviten lesen. Aber erst, nachdem man ihn und seine Not verstanden hat, nicht vorher. Erst, nachdem er sich beruhigt hat. Denn solange man ihn nicht als Mensch bestätigt hat, wird er vor lauter Angst und Erregung nicht zuhören und die schönste Gardinenpredigt verpufft im Wind.

Zivilcourage

Hier hätte jeder Bürger, so er sich als mündig betrachtet, eine selbstverständliche Erziehungspflicht. Mündigkeit bedeutet: seinen Mund aufmachen und mitreden. Zivilcourage nennt man diese Haltung. Mit Herummeckern und Besserwisserei hat das nichts zu tun, sondern mit dem Eintreten für eine bestehende Ordnung, ihre Werte und Tugenden. „Bei allem Verständnis für deine beklagenswerte Situation, mein Lieber, aber so geht's nicht!" Das ist Zivilcourage. Verstehen, bestätigen – und korrigieren!

Um Zivilcourage am Beispiel der Angelszene mit Fritz zu illustrieren: Sie haben mit Ihrer Bestätigung einen Volltreffer erzielt; Fritz fühlt sich in seinen Absichten erkannt und gewürdigt. Weil Sie aber wissen, was der Fritz für einer ist, hängen Sie noch eine weitere Frage dran: „Hast du eigentlich einen Revierschein für dieses Gewässer?" – Fritz: „Öm, nöö." – Sie: „Tja, dann darfst du hier leider nicht angeln."

Der arme Fritz, wo der sich doch so auf seine dicke Forelle gefreut hat! Nun ist er todtraurig. Oder er ist entsetzt darüber, fast ein Gesetz übertreten zu haben, von dem er nichts wusste. Oder er fühlt sich ertappt, weil er durchaus wusste, dass er hier einen Revierschein braucht. Möglicherweise giftet er Sie nun an: „Bist du hier der Dorfpolizist, oder was?" Oder er bekommt es mit der Angst zu tun und nimmt Reißaus.

Ist das nicht vielleicht eine engstirnige, kleinkarierte Denke? Lass den Jungen doch seine Forelle aus dem Bach ziehen, was macht das schon. Oder geht es hier in Wirklichkeit um die berechtigte Verteidigung einer bestehenden Ordnung?

Sie als Spaziergänger sind bloß zufällig hier vorbei gekommen, was geht Sie das an, denken Sie sich. Außerdem ist Fritz der Sohn vom Bürgermeister; also am besten Schwamm drüber, drücken wir ein Auge zu. Auf eine Forelle mehr oder weniger kommt es nicht an; der Pächter wird's nicht merken.

Falsch gedacht. Denn es geht Sie in der Tat was an. Ein Revierschein dient dazu, den Fischbestand in einem Revier zu erhalten. Würde jeder nach Lust und Laune angeln, gäbe es hier bald keine Forellen mehr. Sie als Anwohner haben berechtigtes Interesse daran, eine bestehende Ordnung zu verteidigen, weil Sie diese für sinnvoll halten (und nur deswegen!). Deshalb bleiben Sie dabei: Angeln ohne Schein nicht gestattet. Das ist Zivilcourage.

Verständnis bedeutet: sich in den Anderen hineinversetzen und die Welt aus seinen Augen sehen. Es bedeutet, dessen Emotionen und Motive zu begreifen. Damit demonstriert man Mitgefühl, Achtung und Respekt. Was nicht heißt, dass man die Sicht des anderen immer gutheißen würde. Jemanden verstehen ist das eine, seine Einstellung oder sein Verhalten zu billigen, das andere. Will man Kinder erziehen, Mitarbeiter ausbilden oder Gruppen führen, so sind respektvolles Verständnis und klare Regeln miteinander in Verbindung zu bringen.

Handelt jemand den Regeln zuwider, so gehört das angemerkt. Verständnisbereitschaft ist immer offen für den Dialog. Vielleicht war der Täter in einer Notlage und wusste sich nicht anders zu helfen; vielleicht war er gar nicht übelwollend, sondern hat sich etwas Superkluges dabei gedacht, was wiederum Anstoß dazu geben könnte, die bestehenden Regeln einmal zu überdenken. Deswegen sollte man ein Fehlverhalten weder zähneknirschend hinnehmen und sich später am Stammtisch darüber mokieren, noch sollte man unbesehen mit erhobenem Zeigefinger Verbote predigen. Drüber reden sollte man. Zivilcourage ist gefragt, immer und überall.

WIESO LÄCHELT BUDDHA?

Ein Informationstechniker würde Kommunikationsqualität als technisch störungsfreie Informationsübertragung definieren. Wir aber, die wir keine Techniker sind, sondern einfach Menschen, haben hier anderes im Sinn. Für uns zählt das menschlich befriedigende Erlebnis. Es entsteht nicht durch die technische Perfektion eines Gesprächs, sondern durch seine emotionale und ethische Qualität.

Zur emotionalen Qualität eines Gesprächs dürften wir genügend gesagt haben. Kurz zusammengefasst: Unter Wahrung der sieben Kommunikationsfaktoren ist sie hoch, bei deren Verletzung niedrig. Wie aber entsteht ethische Qualität?

Die Ethik von Kommunikation

Allgemein gesprochen ist Ethik das Fördern des Lebens im weitesten Sinn. Ein schwieriger Gedanke, denn wie ist es mit der Fliege, der Kakerlake, der Spinne? Wie mit den Bakterien und Viren? Mit dem Feuchtschwamm im Keller, dem Unkraut im Garten? Vernichten oder leben lassen?

Das Leben im weitesten Sinn fördern bedeutet: den optimalen Kompromiss finden, die beste Lösung für die meisten Beteiligten. Es klappt nie hundertprozentig für alle. Dies und jenes wird dabei geopfert werden müssen, leider. Soll ein Kleinkind an seiner Infektion sterben? Oder töten wir die Bakterien ab, welche die Infektion bewirken? Aber das Lebensrecht der Bakterien, was ist damit?

Was ist das größere Gut? Ethik kennt keine Patentlösungen. Immer gilt es, den Unterschied zwischen richtig und falsch erstens zu erkennen und zweitens darauf zu beharren, dass er beachtet bleibe und gewahrt werde. (Was richtig sei und was falsch, ist das große Problem. Mehr zum Thema Ethik findet sich in dem Buch „Lebenserfolg!“)

Angewendet auf Kommunikation lässt sich formulieren: die ethische Qualität einer menschlichen Interaktion entsteht durch die Anerkennung des Gesprächspartners als geistiges Wesen. Du bist du, ich bin ich, wir sind okay. Dies erreicht man - wen wundert's? - mit Hilfe einer angemessenen Bestätigung. Wie aber kommt es zu deren wundersam befreiender Wirkung? Weil sich der Gesprächspartner dann dermaßen verstanden und entsprechend beglückt fühlt, dass er nichts mehr hinzuzufügen weiß. Das

Thema ist abgeschlossen, der Kommunikationsablauf rückstandsfrei beendet. „Rückstandsfrei“ bedeutet: man hat keine nachfolgenden Gedanken, sinniert oder grübelt nicht, nein, die Angelegenheit hat sich erledigt. Man ist frei für neue Ziele, neue Gedanken, eine neue Zukunft.

Der Sinn von Kommunikation

Kommunikation will Gemeinsamkeit erzielen. Das lateinische Wort *communicare* enthält das Bild eines gemeinsamen, von Mauern *(munis)* umschlossenen Raums, eines sicheren, geschützten Ortes. Von da leiten sich Wörter wie Kommune und Kommunismus ab: man möchte etwas gemeinsam haben, etwas miteinander teilen. Nichts anderes besagt das deutsche Wort „Mitteilung“. Wenn ich Ihnen etwas mitteile, dann haben nicht etwa Sie etwas gewonnen und ich etwas verloren, sondern beide haben gewonnen, denn nun haben wir beide etwas gemeinsam. Wir teilen etwas.

Unabdingbare Voraussetzung für eine gelungene Mitteilung ist das Verstehen. Wenn kein Verstehen eintritt, ist die Mitteilung nicht geglückt. Verstehen ist das tiefe Anliegen, das wir verfolgen und befriedigen wollen, wenn wir mit jemandem (Mensch, Tier, Pflanze) oder mit etwas (Steine, Mineralien, Weltall) in Kommunikation treten. Auch wenn wir Bücher über Menschen, Tiere, Pflanzen, Steine, Mineralien oder das Weltall studieren, stehen wir in Kommunikation, nämlich mit den Büchern. Alles, womit wir mit Hilfe unserer Aufmerksamkeit in Kontakt treten, ist im weitesten Sinn Kommunikation.

„Verstehen“ kann demnach sowohl bedeuten: menschliches Verständnis für den Gesprächspartner haben, seine Emotionen teilen, seine Intentionen begreifen. Oder umgekehrt: sich verstanden fühlen (sachlich, emotional, intentional). Und ebenso: einen komplizierten Sachverhalt endlich begriffen haben. In allen drei Fällen fühlen wir große Erleichterung. Begreifen macht Freude.

Wenn wir etwas mitteilen, insbesondere wenn wir ein Herzensanliegen haben, möchten wir verstanden werden. Wenn wir jemandem zuhören oder etwas studieren, möchten wir verstehen, um was es geht. Letztlich wollen wir nichts anderes als Gemeinsamkeit herstellen.

Das Fundament von Kommunikation

Liebe ist das solide, unumstößliche Fundament ethisch wertvoller Kommunikation. Liebe bedeutet, jemanden nehmen, wie er ist, und ihn trotz seiner Macken gern haben. Diese Grundhaltung des Förderns schließt aus, seinen Partner zu hassen, wütend auf ihn zu sein, sich über ihn zu ärgern, sich enttäuscht von ihm zurückziehen und ihn seinem Schicksal zu überlassen. Klar, im Verlauf des Tages gibt es das alles mal. Aber eben nur im Verlauf des Tages, nicht grundsätzlich. Grundsätzlich lebt Liebe von heiterer Gelassenheit. Umgekehrt ist es ebenso: heitere Gelassenheit lebt von Liebe.

Dass einem das Wohlergehen eines Kommunikationspartners immer und überall am Herzen läge, ist bei weitem keine Selbstverständlichkeit. Spießt etwa ein Insektensammler einen Schmetterling auf die Nadel und verleibt ihn seiner Sammlung ein, so drückt er damit zwar stärkstes Interesse an seinem Kommunikationspartner, dem Schmetterling, aus, indessen ist ihm dessen Wohlergehen komplett gleichgültig. Ist ja nur ein Schmetterling. Und was ist ein Schmetterling schon im Vergleich zur hochheiligen Wissenschaft! Deren Wohlergehen aber liegt dem Insektensammler mit höchster Priorität am Herzen; der Schmetterling muss es halt ausbaden - so die ethische Abwägung des Forschers. Er hasst den Schmetterling nicht, keineswegs, er bewegt sich auf der emotionalen Stufe von Interesse, nicht Hass. Hasste er den Schmetterling, so würde er es genießen, ihn zu töten, doch nein, dieser Forscher ist ein weichherziger Mensch, der nichts und niemanden aus Spaß tötet. Er tut es ungern, es tut ihm leid, doch er steht im Dienst der Wissenschaft; dort sieht er das höhere Gut. Würde er ohne jegliches Mitgefühl töten oder mitleidlos mit Tierversuchen experimentieren, so würde man ihn zu Recht kalt, gewissenlos und zynisch nennen dürfen.

Interesse ohne Liebe, das ist geistig-seelische Kälte, Zynismus; es führt zur Grausamkeit. Interesse mit Liebe hingegen führt zu ethisch wertvoller Kommunikation. Schon, schon - und der Schmetterling? Wieso bringt er ihn um, wenn er ihn doch liebt? Wegen des höheren Gutes, der Wissenschaft, so die Ethik des Forschers. Es ist seine Wahl, seine persönliche Wahl, und für die hat er gerade zu stehen, wenn es mal drauf ankommt. Letzten Endes läuft Ethik auf die persönliche Wahl hinaus, die jemand von Moment zu Moment neu trifft.

Immer mit Liebe, geht so was denn? Gut, als vorübergehende Emotionalität im Tagesgeschäft dürfen Zorn, Wut und Ärger schon einmal sein, Liebe hin oder her, jedoch nicht als chronische Grundnote. Selbst ein Heiliger hätte schlechte Laune, führe ihm der ICE vor der Nase weg und dadurch platzte ihm ein Termin, doch würde er infolgedessen nicht aus lauter Hass und Groll Terroranschläge auf die Leitung der Bundesbahn planen. Der Heilige würde seine schlechte Laune kommen und gehen lassen, und damit wäre es vorbei. Er würde die Situation geistig bestätigen und sie damit geistig abschließen: ein rückstandsfreier Kommunikationsablauf.

Eine von Achtung, Respekt und Liebe getragene Beziehung wird nie unter die emotionale Zone des Annehmens absinken. Abgesehen von gelegentlichen Ausreißern nach unten bliebe die Liebe gleichwohl als Fundament durchgängig bestehen. Ein hochgestecktes Ziel zugegebenermaßen - aber warum auch nicht? Arbeiten wir dran.

Wieso also lächelt Buddha?

Weil Buddha mit sich und der Welt im Reinen ist, fühlt er sich unbelastet und heiter. Weil alle seine Kommunikationsvorgänge im Geist und in der

Welt rückstandsfrei abgeschlossen sind, liegt nichts Unerledigtes herum, nichts, was zum Grübeln führen würde. Weil alles, was getan wurde, im besten Sinne abgeschlossen ist, gibt es nichts zum Nachdenken. Weil alles noch Ungetane getan werden wird, wann immer es an der Reihe ist, gibt es keine Sorgen. Weil alles, was ist, sein darf. Weil es keine bessere Welt gibt als die, die wir für uns von Augenblick zu Augenblick erschaffen. Deswegen lächelt Buddha.

• VIER ÜBUNGEN ZUM EMOTIONALEN AUSGLEICH •

Wir haben einen großen Bogen gespannt. Angefangen mit dem Gemüt und seinen Wallungen zog er sich über die Systematik der Emotionsleiter bis hin zu den Kommunikationsfaktoren, der Zivilcourage und schließlich der buddhistischen Heiterkeit. Immer wieder wurde deutlich, dass wir ständig von eigenen und fremden Emotionen begleitet werden und sie berücksichtigen müssen. Einer beeinflusst den anderen, immerfort geht es hin und her, und gelegentlich kann es sich auch mal gefährlich hochschaukeln. Wir schwimmen sozusagen in einem interaktiven Emotionsmeer durchs Leben, in dem nie Ruhe herrscht. Jeder emotionale Flossenschlag des einen Fischs teilt sich den anderen mit, und selbst wenn sich mal eine spiegelglatte Oberfläche zeigen sollte, muss man mit verborgenen Unterströmungen rechnen.

Weil jeder seine Vergangenheit mit sich trägt und sozusagen hinterrücks und unbemerkt von Erinnerungsbildern überflutet wird, beeinflusst er seine Mitmenschen unbewusst mit Projektionen. Wie die jeweiligen Gesprächspartner reagieren, hängt von deren geistiger Wachheit ab (Achtsamkeit, Faktor 2). Mancher mag wohl spüren, dass in einer kürzlich abgelaufenen Interaktion etwas „komisch" war, fühlt sich aber hilflos, weil er nicht auf den Punkt bringen kann, was genau auf ihn einwirkte. Ein anderer wiederum, zu seinem Glück ausgerüstet mit medialen Fähigkeiten, mag in der Lage sein, solche abgestrahlten emotionsgeladenen Bilder bewusst zu registrieren und als „nicht meins" von sich weisen. Einige wenige mögen sogar die Fähigkeit besitzen, auf telepathischem Weg helfend einzugreifen.

Eine solche Kunst im Umgang mit Mentalbildern ist mit einem Buch kaum zu vermitteln. Zumindest aber ließe sich aufzeigen, wie man trotz der allgegenwärtigen emotionalen Interaktivität und der damit verbundenen Gefahr der Einschaltung „alter Geschichten" die Ruhe bewahren kann, wie man also im Emotionsmeer trotz aller Wogen und Strömungen schwimmen kann, ohne unter Wasser gedrückt zu werden. Zu diesem Zweck werden nun vier Übungen vorgestellt.

Ein Rückmeldesystem für Stress

Die drei fundamentalen Kommunikationsfaktoren Gesammeltheit, Achtsamkeit und Gelassenheit, so haben wir mehrfach festgestellt, sind der Sockel für alles Weitere. Leider sind diese guten Dinge nicht auf die Schnelle zu erwerben, man kann sie nur ganz allmählich fördern und ausbauen. Die Übungen dafür wendet der Autor seit Jahrzehnten für sich persönlich an und lehrt sie selbstverständlich auf MindWalking-Kursen.

Sinn der Übungen ist der Aufbau eines Rückmeldesystems für Stress. Stress bedeutet auf gut deutsch „Überspanntheit, Erregtheit", also das genaue Gegenteil von Gesammeltheit, Achtsamkeit und Gelassenheit. Stress und Gelassenheit wohnen nicht im selben Haus, unmöglich. Sensibilisiert man sich für die ersten, feinsten Anzeichen von Stress, so lässt sich unverzüglich gegensteuern und man wahrt seine Gelassenheit. Wenn das nach entsprechender Übung automatisch geschieht, hat man gewonnen.

Die drei Übungen werden als Paket durchgeführt, was pro Durchgang 20 bis 30 Minuten dauert. Je öfter man sie macht, desto besser wirken sie. Deswegen ist es empfehlenswert, sie alle paar Tage zu machen, besser noch jeden Tag. Ziel ist, eine Gewohnheit aufzubauen, die nahtlos ins Alltagsverhalten einfließt. Dazu ist unvermeidlich, die entsprechenden Übungen routinemäßig zu wiederholen, wieder und wieder und wieder.

Gewohnheit bedeutet: man macht es mit links; kein Nachdenken mehr nötig. Jeder kennt das vom Autofahren: der Anfänger sitzt verkrampft am Steuer und muss sich jeden Vorgang bewusst klar machen, bevor er ihn ausführt. Viel Stress, obwohl eigentlich wenig los ist. Der Profi hingegen hört Radio und unterhält sich mit dem Beifahrer, während er beschleunigt, bremst, einparkt oder überholt. Kein Stress trotz voller Aktion. Die Macht der Gewohnheit macht den großen Unterschied.

ÜBUNG 1: SAMMLUNG

• Setzen Sie sich aufrecht auf einen Stuhl, nicht in einen gemütlichen Sessel. Falls Sie mühelos sitzen können, ohne den Rücken anzulehnen, dann tun Sie das bitte. Die Füße sind am Boden aufgelegt; die gesamte Fußsohle und alle Zehen haben Bodenkontakt. Man kann die Schuhe ruhig anlassen, hochhackige Schuhe aber sollte man ausziehen. Wer kurze Unterschenkel hat, legte am besten ein dickes Buch unter die Füße, damit es bequem ist. Wem es angenehm ist, kann sich auch im Yoga- oder Schneidersitz auf den Boden setzen oder ein Zen-Bänkchen benutzen. Am wichtigsten ist die gerade Haltung. Die Wirbelsäule sollte während der gesamten Übung bequem aufrecht gehalten werden. All diese Vorkehrungen fördern den Energiefluss entlang der eingangs beschriebenen Kanäle und Chakren.

• Drücken Sie Ihr Kinn leicht an die Kehle. Dadurch ist der Nacken gestreckt. Legen Sie weder den Kopf in den Nacken noch das Kinn auf die Brust.

• Die Hände ruhen entspannt auf den Schenkeln oder im Schoß. Die Handflächen zeigen nach oben. Warum, wird gleich erklärt.

• Falls Sie Ihren Puls spüren können, egal wo, so stellen Sie sich bitte auf ihn ein. Warten Sie ab, bis er ruhig schlägt.

• *Ergebnis: Mein Puls schlägt ruhig.*

Falls Sie Ihren Puls nicht spüren, so achten Sie bitte auf den Nabel, bis die Atmung gleichmäßig fließt. Die Konzentration auf den Nabel zieht die Atmung in den Bauch hinunter. Es gibt vier Körperbereiche, über die man atmet: Bauch (unter dem Nabel), Solarplexus (über dem Nabel), Brustkorb und Schlüsselbein. Welcher Bereich aktiv ist, hängt vom jeweils gegebenen Stresslevel ab. Die Bauchatmung ist die tiefste und entspannteste; im Tiefschlaf stellt sie sich ganz von selbst ein. Brustkorb und Schlüsselbeine bewegen sich dabei fast gar nicht. Die Solarplexus-Atmung ist eine Kraftatmung, die einen gut durch die Anforderungen des Tages bringt. Unterbauch und Brustkorb bewegen sich dabei kaum. Die Brustatmung ist flach, die Schlüsselbeinatmung noch flacher. Beide Atmungsformen beruhigen nicht, sondern halten im Gegenteil Erregtheit aufrecht und bauen sie weiter auf. Man bedenke, dass Panik mit Hechelatmung einher geht; sie erfolgt über das Schlüsselbein.

• Achten Sie auf Ihren Nabel und den Unterbauch. Beeinflussen Sie nichts. Warten Sie einfach ab, bis sich der Körper beruhigt hat. Zuschauen und abwarten, mehr nicht. Keine Selbstsuggestion. Keine Phantasiereisen unternehmen. Keine Entspannungsmusik hören. Einfach bloß zur Ruhe kommen.

• *Ergebnis: Mein Atem fließt gleichmäßig.*

Das Bisherige ist nur eine Vorbereitung von allenfalls ein paar Minuten. Nun kommen wir zur eigentlichen Übung. Um ein Rückmeldesystem für Stress einzurichten, lenken Sie Ihre Aufmerksamkeit nacheinander auf die vier stärksten Stressanzeiger im Körper, denn für sie möchten Sie sich sensibilisieren. Die körperlichen Stressanzeiger sind: die Stirn (bei Stress runzeln wir sie oder legen sie in Falten), die Lippen (wir pressen sie zusammen), die Zähne (wir knirschen mit ihnen) und der Nabelbereich (der Bauch wird hart, die Atmung flach).

• Richten Sie Ihre Aufmerksamkeit auf die Stirn, bis sie entspannt und glatt ist.

• *Ergebnis: Meine Stirn ist glatt.*

• Jetzt sind die Lippen dran. Richten Sie Ihre Aufmerksamkeit auf die Lippen und Mundwinkel, bis Entspannung eingetreten ist.

• *Ergebnis: Meine Lippen sind voll und weich.*

• Spüren Sie nun zu den Wangen hin. Lassen Sie den Unterkiefer ein wenig hängen, der Mund bleibt dabei geschlossen.

• *Ergebnis: Mein Unterkiefer hängt lose.*

Bis hierhin dürfte die Übung nicht viel mehr als fünf Minuten gedauert haben. Gehen Sie nun zur Tiefatmung über. Einatmen baut Spannung auf; man bereitet sich darauf vor, ein Gewicht zu heben oder wappnet sich für den Kampf. Werden wir mit etwas Unerwartetem konfrontiert oder bekommen einen Schreck, so ziehen wir kräftig und hörbar den Atem ein und halten ihn. Ausatmen hingegen ist ein Zeichen der Entspannung; jeder kennt den Seufzer der Erleichterung. Daher ist es empfehlenswert, vor einer Anstrengung erst einmal auszuatmen; man geht dann viel entspannter in die anstehende Konfrontation hinein. Um Entspannung gezielt voranzutreiben, betonen wir bei der der nun folgenden Tiefatmung die Ausatmung.

• Sie sitzen mit entspannter Bauchatmung. Nun pressen Sie bei der Ausatmung die Luft aktiv hinaus, bis wirklich kein Hauch mehr in der Lunge ist. Zur Überprüfung lässt sich das mit einem Summen verbinden: sobald die Lunge wirklich leer ist, können Sie keinen Ton mehr hervorbringen. Das ist das Ziel. Verharren Sie nun mit leerer Lunge, bis Atemnot einsetzt. Das kann erstaunlicherweise einige Minuten dauern! Aber keine Angst, sie sterben nicht. Der Atem wird ganz von selbst wieder hereinzischen. Der Brustkorb weitet sich. Halten Sie die Luft jedoch nicht aktiv an, sondern warten Sie einfach ab, bis nach wenigen Sekunden eine Sättigung eingetreten ist und die Ausatmung ganz von selbst wieder einsetzt. Und dann wieder mit Nachdruck ausatmen.

• Machen Sie auf diese Weise bitte sechs bis zwölf tiefe Atemzüge. Mit zunehmendem Training werden es mehr werden. Irgendwann setzt eine Sättigung ein und die Atmung will sich beruhigen. Gestatten Sie ihr das.

Bis hierhin sind weitere fünf bis zehn Minuten vergangen. Nun ist die Tiefenentspannung an der Reihe:

• Spüren Sie in die Handflächen und den Bereich um den Nabel herum hinein. Falls es dort kribbelt, strömt oder warm wird, dann ist das gut so. Lassen Sie es zu.

Mancher hat diese Empfindung zuerst in den Handflächen und später erst in der Nabelgegend, bei anderen ist es umgekehrt. Jedenfalls ist das der Grund, warum wir die Handflächen nach oben gekehrt haben, denn so kann man das Strömen besser spüren, als wenn die Hände auf den Schenkeln aufliegen. Falls Sie anfangs nichts dergleichen bemerken, so lassen Sie sich bitte nicht entmutigen. Es kann ein paar Wochen dauern.

• Genießen Sie nun Ihre Tiefenentspannung. Falls Ihnen Gedanken kommen, so lassen Sie sie kommen, lassen Sie gehen. Sie können diese erwünschte Gedankenlosigkeit fördern, indem Sie die Ausatmungen zählen - bis 10 oder 20 oder 50, ganz nach Belieben. Und wieder von vorn. Falls Sie durcheinander kommen, fangen Sie einfach wieder bei 1 an. Und während der ganzen Zeit immer auf Stirn, Lippen und Wangen achten, damit sich keine Spannung einschleicht.

• Irgendwann hat man genug von der Übung. Auch das ergibt sich von selbst. Um aus der Tiefenentspannung herauszukommen, bitte nicht einfach die Augen aufmachen, sondern zunächst einmal tief Luft holen, sich strecken und räkeln, und danach erst die Augen öffnen.

Der Heilstrom

Dieses Strömen, das Sie da vielleicht gespürt haben, ist nach Auffassung der Traditionellen Chinesischen Medizin die Grundlage für Gesundheit und langes Leben. Die Bezeichnung „Heilstrom" stammt von dem christlichen „Wunderheiler" Bruno Gröning, der nach 1945, vom Balkon aus zu riesigen Menschenmengen predigend, Dutzende von Kriegsversehrten von ihren Leiden befreite. Mit jedem Üben wird sich das warme Kribbeln des Heilstroms weiter ausbreiten, bis er schließlich, die Kanäle des Prana bzw. Qi entlang fließend, zwischen Fußsohlen und Scheitel durchgängig zu spüren ist. Als Endergebnis erlebt man bewusst, wie der Heilstrom Knochen, Muskeln, Gefäße und Organe umspült und durchdringt. Innerer Friede stellt sich ein, Gedankenruhe im Kopf, der Körper kribbelt vor Wohlbehagen. Dies erreicht man in der Regel nur über einen längeren Übungszeitraum hinweg. Es kann Monate dauern, aber es lohnt sich.

Spannung in Stirn, Lippen, Wangen und Atmung sind die groben Anzeichen von Stress. Da hat er einen schon richtig gepackt. Der Heilstrom hingegen ist ein weit subtileres Anzeichen. Er reißt nämlich im ersten Augenblick ab, wo Stress einsetzt. Die beiden vertragen sich nicht. Ist Ihnen der Heilstrom erst einmal vertraut, so werden Sie seine Abwesenheit sogleich registrieren. Und sofort, ohne jede Übung oder Technik, werden Sie sich wieder auf ihn einstellen – und der Stress ist wie fortgeblasen. Es ist eine rein geistige Aktion.

ÜBUNG 2: ACHTSAMKEIT

• Machen Sie Übung 1, die Sammlungsübung, wie oben beschrieben. Gehen Sie jedoch danach - nach dem tiefen Atemzug, dem Räkeln und Strecken - nicht zum Tagesgeschäft über, sondern machen Sie weiter. Dazu richten Sie Ihre Aufmerksamkeit auf einen bereits vorher bereitgestellten Gegenstand Ihrer Wahl, sagen wir auf eine brennende Kerze, eine Blume oder ein hübsches Bild. Während Sie auf den Gegenstand schauen, achten Sie gleichzeitig auf Ihr Rückmeldesystem von Stirn, Lippen, Wangen, Puls, Atem und Heilstrom. Der einzige Unterschied zu Übung 1 ist, dass bei Übung 2 die Augen offen sind und man sich auf ein Wahrnehmungsobjekt konzentriert.

Wenn das anstrengend werden sollte, machen Sie etwas verkehrt. Bemühen Sie sich nicht! Sondern lassen Sie es geschehen. Achten Sie einfach auf die Kerze da draußen und den Heilstrom da drinnen. Lassen Sie Gedanken, Gefühle und Sinneswahrnehmungen kommen und gehen. Man kann stundenlang völlig entspannt auf einen Punkt schauen und dabei die Zeit vergessen, ganz ohne jeden Gedanken. Man ist ja bei sich selbst, und das führt zu einem angenehmen Wohlgefühl. Achtsamkeit ereignet sich ohne jegliche Anstrengung; an die Zeit denkt man dann nicht mehr.

Um dorthin zu gelangen, bedarf es der Übung. Anfangs lässt man sich gerne mal unterbrechen. Man schaut auf die Kerze, spürt den Heilstrom - da packt einen ein Gedanke. Oder man hört ein Geräusch. Der Heilstrom reißt ab, der Atem wird flacher. Nun starrt man mit hochkonzentrierter Bemühtheit auf die Kerze, statt sie wie vorher einfach entspannt in den Wahrnehmungsraum einzuschließen. Damit wird es anstrengend. Um dies zu beheben, schließt man am besten die Augen, geht zurück zu Übung 1, Stirn, Lippen, Wangen, Atmung, Heilstrom – und schon kehrt die Ruhe ganz von selbst wieder ein.

ÜBUNG 3: GELASSENHEIT

Wenn sich die Achtsamkeit stabilisiert hat, kann es mit der dritten Übung weitergehen. Sie hat den Zweck, die Gelassenheit zu stärken. Bisher wurde man in dieser Hinsicht nicht gefordert, insofern man seine Aufmerksamkeit nur auf nette, angenehme Dinge wie etwa eine Kerze oder Blume richtete. Gelassenheit aber beweist sich daran, dass man auch bei einem widerwärtigen Anblick nicht die Fassung verliert. Deswegen setzt man sich bei Übung 3 ganz bewusst und vorsätzlich einer Situation aus, die man normalerweise eher meiden würde, weil man schon vorher weiß, dass Sie einen verspannt. Selbstverständlich geschieht dies nicht buchstäblich, sondern mit Ersatzobjekten bzw. Fotos. Also bitte nicht gleich in die echte Schlangengrube springen, ein Foto davon reicht erst mal.

Wählen Sie eine Situation, wo Sie normalerweise in die Emotionszone 3 oder 4 rutschen, wo Sie also mit Abwehr oder Rückzug reagieren. Schauen Sie sich die entsprechenden Szenen auf Fotos oder Videos so lange bewusst an, bis Sie dabei Ihre Gelassenheit wahren können. Verbleiben Sie in gesammelter Achtsamkeit. Bleiben Sie in Kontakt mit Stirn, Lippen, Wangen, Atmung und Heilstrom. Das ist der Sinn der Übung.

• Sammeln Sie sich wie in Übung 1. Öffnen Sie die Augen. Richten Sie Ihre Aufmerksamkeit jedoch diesmal nicht auf ein harmloses Objekt wie in Übung 2, sondern auf etwas Widerwärtiges, sagen wir das Foto einer Spinne.

• Wenn eine negative Reaktion Sie zu überrollen droht, beenden Sie Übung 3 augenblicklich und gehen Sie zurück zu Übung 1. Augen zu, Sammlung, Atmung. Erholen Sie sich. Öffnen Sie die Augen erst wieder, nachdem Sie Ihr inneres Gleichgewicht wieder gefunden haben. Und wieder erblicken Sie den widerwärtigen Reiz! Nehmen Sie erneut einen Anlauf zu dessen Bewältigung. Und immer weiter so.

• Erst wenn Sie Ihre Gelassenheit hinsichtlich des gewählten Reizes zu wahren vermögen, würden Sie ihn verstärken, indem Sie zum Beispiel ein größeres Foto nehmen, einen besonders ekelhaften Spinnenfilm oder sogar eine lebende Spinne in einem Glas. Falls es Ihnen zu mächtig werden sollte, so bleiben Sie bitte trotzdem beim gewählten Thema! Schwächen Sie den Reiz ab, beispielsweise indem Sie ein kleineres Foto oder eine Zeichnung statt eines Fotos nehmen. Nicht das Thema wechseln, denn wenn sie von Thema zu Thema wandern, haben sie am Ende eine Reihe unerledigter Schockerlebnisse geistig abgespeichert, und das macht es nicht besser, sondern schlimmer.

• Achten Sie bei Ihren Reaktionen, z. B. beim Abscheu, verstärkt auf Ihre geistige Innenwelt: auf die Bilder, die in diesem Augenblick in Ihnen aufsteigen, die Vorstellungsbilder, die Erinnerungsbilder.

• Lassen Sie diese Bilder zu. Nicht wegdrängen! Schauen Sie sie sich an. Halten Sie dabei Ihre Sammlung wie gewohnt aufrecht. Denn es sind die inneren Bilder, die den Horror verursachen, nicht die Eindrücke aus der gegenwärtigen Umgebung (z. B. das Foto einer Spinne).

Was einen da anspringt und überwältigt, sind die unerledigten Altlasten, die Rückstände aus der Vergangenheit, das also, womit man nicht fertig wurde, als es ursprünglich geschah. Die Mentalbilder davon werden durch den gewählten Außenreiz „Spinnenfoto“ erweckt und bedrängen einen. Das gelingt ihnen nur, solange man sich ihrer nicht bewusst ist oder sich vor ihnen zurückzieht. Deshalb die Empfehlung: Schauen Sie sich diese inneren Bilder einfach mit Gelassenheit an. Woher sie kommen, braucht Sie nicht zu kümmern. Die Angst verliert ihre Kraft, wenn Sie die Bilder im Geist einfach nur anschauen, ohne sich davon beeindrucken zu lassen. (Dieser Prozess ist seelisch beanspruchend und kann seine Zeit dauern, das sei klar gesagt!)

Mit der Erweiterung der dritten Übung nach innen hin baut sich ganz allmählich das Akzeptanzvermögen auf. Indem die inneren Bilder ihren Schrecken verlieren, verliert auch die Umgebung ihren Schrecken. Eine Spinne tut einem nichts. Die Spinne auf dem Foto, die Spinne im Glas, die echte Spinne, die einem über die Hand krabbelt, sie können einen weder beißen noch verletzen, jedenfalls nicht bei uns. Vielleicht in den Tropen, aber nicht bei uns. Nicht die Spinne schreckt einen, sondern das, was sie in einem auslöst. Ist man sich dieses Ausgelösten erst einmal bewusst und kann es mit Leichtigkeit akzeptieren, dann hat der Schrecken sein Ende gefunden.

ÜBUNG 4: BEZIEHUNGSKLÄRUNG

Ähnlich wie mit der Spinne geht es einem gelegentlich auch mal mit dem Lebenspartner. Der tut einem nichts, genauso wenig wie die Spinne, und wirklich böse ist er auch nicht. Aber gelegentlich löst er oder sie etwas Ungutes in einem aus. Das geschieht immer dann, wenn sich irgendwelche alten Geschichten aus der Vergangenheit in der Gegenwart dazu schalten. Nicht der Partner ist schuld, sondern die Projektionen, die sich zwischen das Paar stellen und die Beziehung auseinander treiben.

Deswegen, wenn der Haussegen mal schief hängt, lässt sich das mit der dritten Übung wieder richten. Führen Sie sie gemeinsam mit dem Partner durch. Setzen Sie sich einander gegenüber hin, schließen Sie die Augen, sammeln Sie sich. Dann öffnen Sie die Augen, schauen Sie einander an. Lange. Mindestens eine Viertelstunde. Schweigend. Erspüren Sie das Miteinander. Wenn der Streit heftig und das Zerwürfnis tief war, wird das eine Weile dauern. Ist aber genügend Liebe vorhanden, um den Bruch zu heilen, dann ist diese Übung weit effizienter als stundenlange Beziehungsdiskussionen. In der Stille liegt die Kraft, man nutze sie.

Machen Sie diese Übung solange, bis Sie sich gegenseitig anlächeln. Es wird von innen kommen, dieses Lächeln, ganz von selbst. Es darf nicht aufgesetzt sein; das funktioniert nicht. Es ist die alte Freundschaft, die sich da wieder meldet. Lassen Sie aufsteigen, in den Vordergrund treten und den Zwist vertreiben.

• AUSKLANG: LOB DES MÜSSIGGANGS •

„Ohne Streben keine Emotionen" hieß es einmal in diesem Buch. Klar, denn jeder möchte es auf seine Weise schöner haben, etwas erreichen, die Welt verbessern. Gelingt das, fühlt man sich wunderbar; misslingt es aber, geht's emotional nach unten.

So betrachtet sind Emotionen nichts weiter als vorübergehende Begleiterscheinungen des Strebens. Sie sind sozusagen Indikatoren, Anzeichen für Gelingen oder Misslingen. Und sie wechseln, heute so, morgen so, immer in Abhängigkeit vom Erfolg des Strebens. Sie gehören einfach dazu. Mal vor Wut zu schnauben oder heftig zu weinen ist gesünder, als es in sich rein zu fressen.

Dass der Nachbar gegenüber sich gerade freut, kann nur heißen, er hatte etwas vor und es ist ihm geglückt. Und die Nachbarin im ersten Stock unten, bei der muss wohl etwas schief gegangen sein, denn sie schaut traurig drein. Ob miesepetrige Mitmenschen oder optimistische Frohnaturen, beide werden von ihrer chronischen und aktuellen Emotionsstufe beeinflusst. Entsprechend reagieren sie; man darf es nicht persönlich nehmen. Kennt man den Zusammenhang zwischen Streben und Emotionen, fallen Anteilnahme und Mitgefühl viel leichter.

Mit den Kommunikationsfaktoren ist man bestens gerüstet, seine Mitmenschen taktvoll anzusprechen und sie freundlich und teilnahmsvoll zu bestätigen. Ohne etwas zu erklären, ohne Ursachen zu suchen, ohne nach Begründungen und Rechtfertigungen zu fahnden. Einfach achtsam sein, gelassen bleiben, sich respektvoll erkundigen, was denn vorgefallen sei, mit Anteilnahme zuhören und angemessen Verständnis zeigen. Die Kommunikationsfaktoren glätten den Alltag.

Eine ideale Welt anstreben ist schön und gut. Gleichwohl möge man bei allem Streben bitte nie vergessen: Pausen sind gestattet. Keiner muss dauernd fleißig sein. Solange man in den Pausen seine Ziele und Ideale nicht aus den Augen verliert, ist Müßiggang völlig in Ordnung. Das bedeutet: wer mal die Beine hochlegt, ist deswegen noch lange nicht apathisch. Er macht nach getaner Arbeit eine Pause, weil er sich die verdient hat.

Streben, wenn erfolgreich, macht glücklich. Müßiggang auch!

• ANHANG: EMOTION IM AUGE DER WISSENSCHAFT •

Zu Beginn dieses Buches hieß es, damit man seine Psyche versteht, bedürfe es keiner Gelehrtenmeinung, denn auf dem Sektor der Seelenforschung sei jeder selbst der beste Experte, vorausgesetzt er habe eine entsprechende Anleitung. Nur was wir selbst durch eigenes Erleben bestätigen können, dürfe für uns Geltung haben; nur selbstbestimmt gewonnenes Wissen sei echtes Wissen (zumindest im Bereich Geist und Seele).

Nun sind wir am Ende des Buches angelangt. Falls Sie die Logik der Emotionen beim Lesen durch Ihr Leben und Erleben nachvollziehen konnten, wäre dieses Buch seinem Anspruch gerecht geworden, was den Autor selbstverständlich enorm freuen würde. Falls nicht, so schreiben Sie ihm bitte (auch das würde ihn freuen).

WIE FORSCHUNG FUNKTIONIERT

Um es dem Leser zu ermöglichen, das vorliegende Buch in einen größeren Bezugsrahmen einzuordnen, handelt dieses Abschlusskapitel von der Sicht der akademischen Welt auf das Thema Emotionen. Um ihren Blickwinkel nachzuvollziehen, muss man wissen, auf welche Art und Weise in Universitäten Forschung betrieben wird, denn sie unterscheidet sich beträchtlich von der Vorgehensweise bei MindWalking und anderen Methoden der Geistesschulung. Hier nämlich bedient man sich der systematischen Introspektion, der Innenschau. Die gesamte Spiritualität der japanischen Dao-Mönche und Zen-Meister, der indischen Yogis, der muslimischen Sufis und der christlichen Mystiker beruht auf systematischer Innenschau.

Die Methoden und Erkenntnisse nicht-akademischer Geistesforscher in Ost und West sind über Jahrhunderte bestens dokumentiert. Vergleicht man sie miteinander, so lassen sich fundamentale spirituelle Gemeinsamkeiten jenseits von Zeitalter, Ort und Kulturkreis unschwer aufzeigen. Selbst in Anbetracht unterschiedlicher Methodik ist somit eine gewisse Objektivität gegeben, denn alle Wege führen letztlich zum gleichen Ergebnis, nämlich dem Erkennen der Einheit von Selbst und Gott, von Sein und Nichtsein. Von offizieller akademischer Seite aus wird dies indessen schlichtweg als „rein subjektiv" abgetan.

Die akademische Wissenschaft - auch „westliche" Wissenschaft genannt, weil sie ihren Anfang im Europa des 17. Jahrhunderts nahm - ist mittlerweile zu einem globalen Phänomen geworden. Ein ihr wesentliches Merkmal ist das wiederholbare Experiment. Diese Forderung der Physik, die mittlerweile in allen Naturwissenschaften gilt, besagt: eine Theorie ist mittels Experiment zu überprüfen. Für einen Naturwissenschaftler hat eine These nur so lange Geltung, wie sie sich anhand von experimentellen Überprüfungen wiederholt bestätigen lässt; anderenfalls ist sie zu verwerfen. Kurz, das Experiment als Qualitätsstandard dient dazu, eine Theorie zu belegen oder ggf. zu wiederlegen

Am Beispiel der Schwerkraft veranschaulicht, ließe sich folgende These aufstellen: „Alle Äpfel fallen zum Erdboden". Zur experimentellen Überprüfung würde man nun eine hinreichende Anzahl von Apfelbäumen schütteln und dabei die Beobachtung machen, dass in der Tat alle Äpfel vom Baum auf den Boden plumpsen, und zwar unabhängig davon, wer das Experiment durchführte und wo und wann. Die in Frage stehende These wäre damit objektiv bestätigt, denn eine große Anzahl von Experimentatoren führte das Experiment unabhängig voneinander durch und kam zu vergleichbaren Ergebnissen. Dass Äpfel vom Baum auf den Boden fallen, ließe sich ab da nicht mehr als rein subjektiver Eindruck mancher Einzelpersonen einstufen, vielmehr hätte die These nun allgemeine Gültigkeit.

Objektivität ist das Leitbild empirischer Wissenschaft. „Empirisch" bedeutet soviel wie „auf unabhängig voneinander gemachten Beobachtungen und Belegen beruhend". Würde man keine Belege fordern dürfen, so wäre man bloßen Meinungen und subjektiven Ansichten auf Treu und Glauben ausgeliefert. Hielte beispielsweise ein Streifenwagen Sie an und der Polizist sagte, Sie seien „seinem Gespür nach" zu schnell gefahren, würden Sie diese Anschuldigung als rein subjektiv von sich weisen. Das Gespür eines Polizisten zählt für Sie nicht. Wurden Sie aber geblitzt, gibt es keine Diskussionen. Das gilt als objektiv, denn da wurde gemessen und gefilmt.

REDUKTIONISMUS: GEDANKEN KOMMEN AUS DEM GEHIRN

Aufgrund ihrer Verpflichtung zur Empirie, d. h. dem Erbringen von nachweisbaren Belegen, wird ersichtlich, wieso die akademische Wissenschaft hinsichtlich der Objektivität spiritueller Phänomene ein Problem hat. Denn in der Regel erfährt man von solchen Vorkommnissen in Form erstens eines Erlebnisberichts, zweitens handelt dieser von Erspürtem; beides ist – vom Standpunkt des Naturwissenschaftlers aus - mit Vorsicht zu genießen. Erlebnisberichte gelten als wenig verlässlich, da subjektiv eingefärbt; Erspürtes lässt sich schlecht messen, wiegen und filmen. Es handelt sich somit nicht um die erwünschte exakte, wiederholbare Messung bei unveränderter experimenteller Versuchsanordnung.

Im spirituellen Bereich ein objektives wie auch wiederholbares Experiment durchzuführen, ist in der Tat nicht leicht. Wer eine Emotion aufwallen fühlt, eine Geistererscheinung sieht, eine telepathische Verbindung spürt, sich an ein vergangenes Leben erinnert, mit dem göttlichen Allsein in mystische Einheit tritt - was soll man da messen, wiegen oder filmen? Woher soll man wissen, ob das stimmt, was der Betreffende sagt? Woher die Belege nehmen? Und in identischer Form wiederholen lässt es sich schon gar nicht.

Nur an eines kann man sich da halten: an die Reaktionen des Körpers. Sie nämlich lassen sich problemlos messen, wiegen und filmen. Sollte also der Fall eintreten, dass jemand eine Emotion aufwallen fühlt, eine Geistererscheinung sieht, eine telepathische Verbindung spürt, sich an ein vergangenes Leben erinnert, mit dem göttlichen Allsein in mystische Einheit tritt, dann ließe sich im Sinne wissenschaftlicher Korrektheit die Frage stellen: Was geschieht dabei mit Blutdruck, Herz und Puls? Was geschieht im Gehirn?

Mit diesem Zugang ließen sich zwar endlos viele Studien betreiben, doch träfe keine so recht den Kern der Sache, denn nicht das eigentlich Geistig-Seelische würde man auf diese Weise erfassen, sondern nur dessen körperliche Begleiterscheinung. Erschwerend kommt hinzu, dass nicht so recht klar ist, was eigentlich zu erfassen sei, denn das sogenannte „Geistig-Seelische" entzieht sich einer wissenschaftlich akzeptablen Definition. Indem nun die Psychologie, eigentlich eine Geisteswissenschaft, sich am Standard der Naturwissenschaft zu orientieren begann, geriet sie begreiflicherweise in ein Dilemma. Zu dessen Lösung wandelte sie sich von der Seelenkunde zur Verhaltenslehre und schließlich zur Hirnkunde, zur Neurologie. Sie wurde aus ganz praktischen Gründen eine „Psychologie ohne Seele".

Hierzu ein Anekdote: als der Autor Anfang der 1970er Jahre in Mainz bei Prof. Albert Wellek Psychologie studierte, waren die Konditionierungsversuche des US-amerikanischen Psychologen Skinner hoch im Schwange: man schickte Ratten durch Irrgärten in Richtung Käse, gab ihnen unterwegs Elektroschocks, erfasste statistisch ihre zunehmende Frustration und übertrug dies auf menschliches Verhalten. Dazu kommentierte Wellek, ein Mann der alten, geisteswissenschaftlichen Schule, man sei dabei, die Gottesebenbildlichkeit des Menschen durch seine Rattenebenbildlichkeit abzulösen.

Tröstlich ist, dass im Lauf der letzten Jahrzehnte diesbezüglich ein Umdenken stattgefunden hat, siehe gegenwärtig die Arbeiten des US-amerikanischen Professors für Parapsychologie Dean Radin und des schon mehrfach erwähnten englischen Biologen Dr. Rupert Sheldrake. Gleichwohl ist der akademische Mainstream nach wie vor dem sogenannten Reduktionismus verhaftet. Dieser besagt, dass Gedanken vom Gehirn produziert werden und alles Geistige aufs Körperliche und damit aufs Materielle zu reduzieren sei (daher der Name „Reduktionismus").

Weil Radio, Fernsehen und Presse neueste wissenschaftliche Sensationen kräftig verbreiten, ist die Wissenschaftsgläubigkeit (scientism) zur Religion unserer Tage geworden. Viele Menschen haben Angst, das Falsche zu sagen, ignorieren ihre ureigenen Empfindungen und plappern Angelesenes einfach nach. Kaum noch ein Autor würde sich heutzutage trauen, von Geist und Seele zu sprechen; der moderne Mensch hat so etwas nicht nötig, dem reicht ein Gehirn. Beispielsweise zitiert ein Leitfaden zum Verfassen journalistischer Artikel die Psychologin Lauren Emerson: „Unser Gehirn mag es nicht, wenn Dinge ablaufen, die unvollständig oder unberechenbar sind." Es folgt ein Zitat des Hirnforschers Daniel Gilbert: „Unser Gedächtnis hegt eine Vorliebe für Schlussszenen." Dem schließen sich die Autoren eines anderen Buches an: „Diese Unruhe im Hirn wittert Ahnung und weckt Neugierde." (Marie Lamperd, Rolf Wespe, 2011). Man spricht nicht mehr von „ich" sondern von „mein Gehirn".

Auch die Psychiatrie wäre als reduktionistisch einzustufen. Ihre grundlegende Auffassung geht auf das sogenannte „medizinische Modell" zurück, demzufolge alles Leiden organisch bedingt sei. Weil ein Psychiater immer auch ein Mediziner ist (ein „Seelenarzt" übrigens, von griech. psyche, Seele, und iatr, Arzt), folgt er zwangsläufig dieser Denkweise. Dabei arbeitet er verständlicherweise eng mit dem Hirnforscher zusammen, dem Neurologen (von griech. neuron, Geflecht, hier: das der Nerven). Dessen Ergebnisse sind wiederum für die Pharmakologie richtungsweisend.

Der Grundsatz „alle Krankheit ist organisch bedingt" schließt auch die Geisteskrankheit ein, denn das Gehirn ist ein Organ. Folgerichtig sucht ein

Psychiater Geisteskrankheiten mit Psychopharmaka, Hirnchirurgie und Elektroschocks zu heilen.

MINDWALKING: DAS GEISTIGE WESEN IST DIE QUELLE

Begreiflicherweise haben es Geist und Seele schwer, sich gegen diese gesellschaftlich so tief verankerte reduktionistische Tradition durchzusetzen. Doch zum Glück lässt sich die wissenschaftliche Methodik nicht nur zum Nachteil von Geist und Seele einsetzen, sondern auch zu deren Vorteil. Genau dies tun wir bei MindWalking. Indem wir subjektive Wahrheiten und Innenschau zulassen und gleichzeitig die gängige Wissenschaftstheorie und -methodik aufs schärfste beachten, gelangen wir zu aussagekräftigen, allgemeingültigen Ergebnissen und damit zu zwei Schlussfolgerungen: erstens, ein geistiges Wesen ist Quelle von Gedanken (verstanden als reflektierende Selbsterkenntnis). Zweitens, ein Lebewesen (ob mit Geist ausgestattet oder nicht) ist Quelle von Emotionen. Beispiel: zwar dürften Spinnen der reflektierenden Selbsterkenntnis nicht fähig sein, doch fraglos haben sie rudimentäre Emotionen, und sei es nur die Alternative hin oder weg.

Die MindWalking-Auffassung besagt: indem ein Lebewesen seine Aufmerksamkeit absichtlich oder unabsichtlich auf etwas oder jemand richtet, entsteht aus winzigen „Mentalquanten" ein mentalenergetisches Feld und erst dadurch eine Wahrnehmung. Gleichzeitig mit der Wahrnehmung kommt es spontan zu einer emotionalen Stellungnahme im Sinne der in der Emotionsleiter genannten Zonen: Gelassenheit, Annehmen, Ablehnen, Rückzug, Apathie. Dem entsprechend gerät das Mentalquantenfeld ins Schwingen. Damit entsteht das, was Sender wie auch Empfänger als Emotion wahrnehmen. Höhe und Stärke der Emotion wird bestimmt von Frequenz und Amplitude der Schwingung. Kurz, eine Emotion ließe sich definieren als Schwingung eines von einem Lebewesen geschaffenen mentalenergetischen Feldes.

Bei Sitzungen mit geistigen Wesen, ob mit Körper (im Sitzungszimmer) oder ohne (telepathisch), wird offensichtlich, dass das Entstehen von Emotionen völlig unabhängig vom Vorhandensein eines Körpers erfolgt. Dafür sprechen Erinnerungen an die frühesten Wochen der Schwangerschaft, als der Körper zum Erzeugen von Emotionen bei weitem noch nicht hinreichend ausgewachsen war, und an die Zeit noch vor der Zeugung, als ein Wesen seine zukünftige Mutter bereits umgeisterte, als diese noch gar nicht schwanger war. Stößt ein Sitzungspartner auf solche Erlebnisse, so durchlebt er die damaligen Emotionen im Jetzt der Sitzung; will sagen, er empfindet hier und heute keine emotionale Reaktion auf eine ehemalige unliebsame Erinnerung, sondern empfindet das Damals im Jetzt nach. Sein gegenwärtiger Körper wird zum emotionalen Blitzableiter für emotionale Hochspannungsfelder der Vergangenheit. Ähnlich bei einer telepathischen Verbindung: beim Kontakt mit einem nichtverkörperten geistigen Wesen schießt dessen emotionale Spannung durch den Sitzungspartner hindurch. Beides führt zu weit stärkeren emotionalen Reaktionen, als sie der Sitzungspartner normalerweise von sich selbst kennt.

Die Wahrheit macht frei

Emotion geht einher mit Erleichterung oder Verspannung, sowohl während der Wahrnehmung eines gegenwärtigen Bezugspunktes wie auch der Erinnerung daran. Deswegen fragt ein Sitzungsleiter seinen Sitzungspartner während einer MindWalking-Sitzung beharrlich nach Belegen zur unzweifelhaften Untermauerung von dessen Vermutungen, Annahmen, Ahnungen und Intuitionen (ganz im Sinne empirischer Forschung). Diese Belege sind gegeben in Form innerer Bilder oder Erinnerungsbilder. Werden diese wahrheitsgemäß beschrieben, so entsteht Erleichterung. Unwahrheit hingegen führt zu Verspannung. („Wahrheit" definiert sich subjektiv wie auch objektiv als Korrektheit von Zeit,

Ort, Ablauf, Umständen, Beteiligten und Urheberschaft; die Urheberschaft ist deswegen von Wichtigkeit, weil ein Erinnerungsbild auch von jemand anderem stammen und auf dem Weg eines „telepathischen Downloading" übernommen worden sein könnte).

Beides, Erleichterung wie auch Verspannung, lässt sich nicht nur gefühlsmäßig erleben, sondern messtechnisch erfassen. Hierzu benutzen wir den „mindwalker", ein Messgerät zur Ableitung des galvanischen Hautwiderstandes (er funktioniert um einiges schneller und differenzierter als die in der Psychologie häufig verwendeten Geräte; dies ermöglicht naturgemäß andersartige Beobachtungen).

Insofern einzig und allein eine wahrheitsgemäße Beschreibung zur gewünschten Entlastung führt, beruhen Theorie und Praxis von MindWalking auf dem einzigen Axiom „die Wahrheit macht frei".

Der Umkehrschluss, „wenn es frei macht, muss es auch wahr sein" ist insofern zulässig, als zahllose Belege dafür sprechen. Sie kommen dadurch zustande, dass Sitzungspartner nach erfolgter Erkenntnis Ahnenforschung betreiben, Geschichtsbücher wälzen oder im Internet recherchieren, und dabei die erinnerten Zusammenhänge bestätigt finden. Weiterhin gibt es das Phänomen der Datenkonvergenz, das insbesondere für Erlebnisberichte aus vorgeburtlichen Zeiten und astralen Welten bedeutend ist, denn diese Bereiche sind weder in Familienchroniken oder in Geschichtsbüchern noch in Wikipedia verzeichnet. Berichten also eine Anzahl von Sitzungspartnern relativ gleichlautend von prähistorischen Katastrophen oder extraterrestrischen Entitäten, so lassen sich daraus nach Aufbau einer angemessenen Datenbasis verbindliche Schlüsse ziehen.

Insofern diese Wahrheitsfindung und damit der Erfolg einer MindWalking-Sitzung auf bestimmten philosophischen Grundlagen und psychologischen Gesetzmäßigkeiten beruht, die sich im Lauf jahrzehntelanger

Forschungsarbeit herauskristallisiert haben, ist eine jede Sitzung ein wissenschaftliches Experiment, anhand dessen sich selbige Prinzipien zu bestätigen hätten, andernfalls wären sie zu verwerfen.

Charakteristisch für eine MindWalking-Sitzung ist demzufolge, dass Sitzungsleiter und Sitzungspartner nicht gemeinsam sinnieren, philosophieren, plaudern oder interpretieren, sondern vielmehr der Sitzungsleiter verlangt, der Sitzungspartner möge bitte eindeutige Belege für die Annahmen und Ahnungen hinsichtlich seiner Sitzungsthematik erbringen. Als Belege gelten nur solche geistigen Eindrucksbilder, die mit somatischen und emotionalen Wallungen und den entsprechenden mindwalker-Reaktionen einhergehen.

Damit ist der Bogen zum Thema dieses Buches geschlagen, zu den Emotionen. Die Emotionsleiter wurde nicht von diesem Autor am Schreibtisch ausgeheckt, sondern über lange Jahre hinweg durch die Beobachtung vieler MindWalking-Trainer unabhängig voneinander gefunden, erweitert und bestätigt, bis sie schließlich die vorliegende Form annahm.

(Mehr zum Thema MindWalking und Wissenschaftlichkeit findet sich im letzten Kapitel des Buches „MindWalking“, siehe insbesondere die Hundert Lehrsätze.)

IM ÜBERBLICK: GÄNGIGE THEORIEN ZUM THEMA EMOTIONEN

Um den Leser mit den gängigen Theorien zum Thema „Emotionen“ zumindest oberflächlich vertraut zu machen, soll hier ein knapper Abriss gegeben werden. Eine gründlichere Auseinandersetzung würde den Rahmen dieses Buches sprengen (gleichwohl wurde sie vom Autor in Vorbereitung dieses Schlusskapitels geleistet; wer mag, darf sie gerne von ihm als PDF anfordern, E-Mail genügt.)

Unüberschaubar viele Theorien

Im Lauf der letzten hundertfünfzig Jahre entstand eine große Anzahl von klassifizierenden Systemen. In einem Lehrbuch unserer Tage sind zwanzig psychologische Emotionstheorien aufgeführt, und das seien noch nicht alle (Amelie Oksenberg Rorty, 1980). Konsultieren wir deswegen zu unserer Orientierung die ehrwürdige „Encyclopedia Brittanica" (2003, vol. 18). Ihr zufolge begann alles mit William James, einem im angelsächsischen Raum hoch angesehenen Philosophen und Psychologen. 1884 veröffentlichte er eine Theorie, die bis zum heutigen Tag als Leitlinie gilt. Sie besagt, dass ein äußerer Reiz interne physiologische Prozesse auslöst. Diese bewirken einen bestimmten Gesichtsausdruck und entsprechende Körperbewegungen. Dabei entsteht ein Gefühl, und das sei die Emotion. Kurz gesagt, so James, seien die Menschen glücklich, weil sie lächeln, traurig, weil sie weinen, schlechter Laune, weil sie die Augenbrauen zusammenziehen, furchtsam, weil sie von einer Gefahrenquelle wegrennen.

Zu ungefähr der gleichen Zeit, Ende des 19. Jahrhunderts, beobachtete Charles Darwin auf seiner Weltumsegelung, dass bestimmte emotionale Ausdrucksformen universell vorkommen. Daraus schloss er, sie müssten angeboren sein. Ursprünglich, so vermutete er, hätten sie eine wichtige biologische Überlebensfunktion gehabt. Heute aber dienten sie lediglich der Bewältigung kritischer gesellschaftlicher und kommunikativer Funktionen. Man beachte: Darwin nahm das einfach mal so an. Ein Beleg für die Annahme steht bis heute aus.

Dessen ungeachtet vertreten Theorien, die der Auffassung Darwins folgen, den Standpunkt, Emotionen seien keine spontane Reaktion, sondern vielmehr ein Kommunikationsmittel, das man zum Zweck einer Mitteilung absichtlich einsetzt. Studien der Gegenwart vertreten eine entsprechende Ansicht. Nach ihnen sind die Ausdrucksformen eines wenige Monate alten Kindes ein Versuch, um Hilfe zu rufen, Traurigkeit mitzuteilen oder

Mutter zu Liebkosungen aufzufordern. Emotionen werden somit nicht als spontaner Ausdruck von Freude oder Hilflosigkeit betrachtet, sondern als gezielt eingesetzte Handlung. Wenn das Baby Hunger hat, schreit es - nicht etwa aus Hunger, sondern um die Mutter herbei zu rufen; darin liegt der feine Unterschied. Das ist, als würde einer, der sich mit dem Hammer auf den Daumen gehauen hat, nicht einfach aus Schmerz schreien, sondern mit der Absicht, den Sanitäter herbeizurufen.

Ungesagt bleibt, woher ein Kleinkind dieses Wissen zu lebenswichtigen Funktionen wohl beziehen mag. Es handele sich um ein Überbleibsel aus den Uranfängen der Evolution, ist die häufig zu findende ausweichende Antwort.

Dem menschlichen wie auch dem geistigen Erleben weit näher steht da der sogenannte kognitive Ansatz von Lazarus aus den 1960er Jahren. Hier vertritt man die Position, Emotionen entstünden nicht spontan, automatisch und unausweichlich zwischen Hypothalamus und Amygdala (beides Hirnbereiche) als sogenannte „Kampf-oder-Flucht-Reaktion" *(fight-or-flight reaction).* Vielmehr komme es auf die Einschätzung der Wertigkeit einer Situation im Hinblick auf Freude, Leid oder Gefahr an *(cognitive appraisal).* Beispiel: Sitzt ein Tourist in einem afrikanischen Wildpark in seinem Jeep und schaut mit angehaltenem Atem zu, wie ein Löwe seine Schulter an der Stoßstange reibt, so ist ihm anders zumute, als wenn er das Tier im Zoo durch armdicke Gitterstäbe betrachtete. Seine kognitive Einschätzung des Gefahrenpotentials ist je nach Situation unterschiedlich.

Woher weiß man sein Wissen?

Zusammenfassend gesagt, führt zu Emotionen entweder der *fight-or-flight-mechanism* oder die kognitive Einschätzung. Entweder es läuft automatisch über das Stammhirn oder kognitiv nach vorheriger Einschätzung der Sachlage. Oder man setzt seine Emotionen kommunikativ ein, um etwas Bestimmtes zu erreichen. Dies oder das oder alles drei.

Leider ist es so einfach nicht. Denn wenn der Anlass für Emotionen tatsächlich eine kognitive Situationseinschätzung oder ein Kommunikationswunsch wäre, so müsste erstens eine diesbezügliche Vorerfahrung gemacht worden und zweitens die Erinnerung daran verfügbar sein. Wie kann es dann sein, dass ein drei Wochen altes Kind beim Hören einer Stimme in hoher Tonlage lächelt? Oder dass ein zweimonatiges Baby schreit, wenn ihm etwas nicht gefällt? Woher käme in diesem zarten Alter die Vorerfahrung? Das vermag der kognitive Ansatz nicht zu beantworten.

In einer ähnlichen Klemme stecken die Verfechter des Kampf-oder-Flucht-Prinzips: woher sollte eine winzige Drüse wie die Amygdala wissen, dass hier Gefahr droht? Wann und wo hätte das Gehirn das gelernt? Und wieso reagieren nicht alle Menschen auf den ersten bellenden Hund in ihrem Leben gleich? Wieso greifen sie nicht alle an oder rennen alle weg oder bleiben - was es schließlich auch gibt - nicht einfach ungerührt, rational und lösungsorientiert?

Wieso reagierte Mozart als Vierjähriger beim Anblick eines Klaviers mit freudigem Interesse, während dieses Instrument einem anderen Kind völlig gleichgültig ist? Da passen weder Kampf-oder-Flucht noch Kognition als Erklärungsmodelle.

Worauf mag dieses Vorwissen wohl zurückgehen? Als Antwort wird auch hier auf die Uranfänge der Evolution verwiesen, Zitat Brittanica: „Emotionale Ausdrucksformen werden durch phylogenetische Hirnstrukturen übermittelt, was belegt, welch wichtige Überlebensfunktion sie im Zug der Evolution hatten".

Phylogenetisch bedeutet stammesgeschichtlich. Man glaubt, Stämme, Völker, die ganze Menschheit hätten in grauer Vorzeit vergleichbare Erlebnisse gehabt und diese wären in einem in Genen und Hirnzellen angesiedelten Gedächtnis verankert, das allerdings bislang noch nicht aufgefunden wurde. Dessen ungeachtet hält sich die phylogenetische Auffassung mit erstaunlicher Zähigkeit.

Die Reduktion des Geistes auf das Gehirn verdeutlicht sich im Vortrag „Das Verhältnis der Physik zu anderen Wissenschaften" des bekannten Physikers und Nobelpreisträgers Richard Feynman. Für ihn ist die Physik „die grundlegendste und umfassendste Wissenschaft" und „das heutige Äquivalent zu dem, was man als Naturphilosophie zu bezeichnen pflegte". Er führt aus: „Das Kernproblem hinsichtlich des Denkens oder des Nervensystems ist folgendes: Wenn ein Tier etwas lernt, kann es anschließend eine andere Handlung ausführen als vorher; folglich muss sich auch in den Gehirnzellen, falls sie aus Atomen bestehen, etwas verändert haben."

Denken und Nervensystem werden einander gleichgesetzt und auf Atome reduziert. Zwar räumt Feynman ein: „Wir wissen nicht, was es bedeutet oder welcher Veränderung das Nervensystem unterliegt, wenn man etwas lernt. Es handelt sich um ein sehr gewichtiges Problem, von dessen Lösung man noch weit entfernt ist." Zwar sagte Feynman dies in den 1960er Jahren, doch bleibt das Problem trotz intensivster Hirnforschung bis heute ungelöst. Mit reduktionistischem Denken dürfte es kaum zu lösen sein.

Kurzformel: „Ich bin mein Gehirn"

Zusammenfassend gesagt, folgt die Position des akademischen Mainstreams der tristen Kurzformel: „Wir sind das Gehirn; das Gehirn reagiert auf die Außenwelt; diese neurologische Reaktion ist die Emotion." Wohlgemerkt spricht man hier nicht eigentlich von dem zur Diskussion stehenden Ding, sondern lediglich von dessen begleitender Auswirkung im neurophysiologischen Bereich. Vergleichsweise ist das, als würde man fragen: „Was ist Sprache?" und bekäme als Antwort: „Sprache ist der Erregungszustand von Schaltkreisen und der Lausprechermembran im Handy." Damit wäre zwar die begleitende Wirkung von Sprache beschrieben, nicht jedoch deren Bedeutung, geschweige denn deren Quelle. Woher nämlich kommen die gesprochenen Wörter, die man da hört? Wer ist es, der da spricht? Was geht mit was in Resonanz, damit aus der Absicht eines Senders ein Verstehen auf Seiten des Empfängers erfolgt? Der Verweis auf die dazwischen geschaltete Aktivierung von neuronalen Netzen im Gehirn reicht zur Erklärung nicht aus.

Beim Handy ist der Vorgang verständlich: da handelt es sich um die Übersetzung der akustischen Schwingungen des Sprechers in die elektromagnetischen des Handys und anschließend um deren erneute Umwandlung in akustische Schwingungen für das Ohr des Hörers. Wie aber verhält es sich mit dem geistigen Wesen als Absichtsträger, Aufmerksamkeitsversender und Impulsgeber einerseits und dem Gehirn als Impuls-Empfänger andererseits? Wieso reagiert ein Gehirn auf die Gedanken seines Besitzers? Wie funktioniert in diesem Fall die Resonanz? (Der Versuch einer Antwort findet sich in „MindWalking - Unbelastet in die Zukunft".)

EIN LOB DER WISSENSCHAFT

Trotz allen Gegeneinanders der Herren und Damen Forschenden und trotz allem, was uns befremdlich erscheinen mag, sei gesagt: Hut ab vor denen, die es fertigbrachten, nahezu lückenlos die unendlich komplexe Funktionsweise von Gehirn und Genen zu erforschen. Sie haben großartige Arbeit geleistet.

Im 19. Jh. führten Fortschritte in Biologie und Chemie zur Beachtung von Hygiene und Entwicklung von Psychopharmaka. Man wusch sich vor Entbindungen die Hände, woraufhin die Mütter- wie auch die Kindersterblichkeit schlagartig sank; man verwendete Mittel zur Anästhesie und Schmerzlinderung, woraufhin Operationen nicht mehr tödlich endeten, wie bis zu diesem Zeitpunkt die Regel. Diese Erfolgsgeschichte, die uns allen das Leben leichter macht, geht bis heute weiter.

In Weiterführung der damaligen Erkenntnisse konnte die Erforschung des Gehirns und seiner tausendfältigen Funktionen in Angriff genommen werden. Man gewann ungeahnte Erkenntnisse über das Zusammenwirken von Gehirn und motorischem Verhalten einerseits und den Zusammenhang zwischen Gehirn und psychischen Regungen andererseits. Leider entstand so die Auffassung, der Geist sei ein Produkt des Gehirns. Doch ist diese Auffassung - wie alle wissenschaftlichen Auffassungen - nicht in Stein gemeißelt, sondern wird sich angesichts entsprechender empirischer Belege ändern.

Lasst uns dafür sorgen, dass es zu einer Änderung kommen möge. Lasst uns Geist und Seele wieder Zutritt gewähren in die heiligen Hallen der Wissenschaft.